滄海叢刊

郭恒鈺 著

# 俄共中國革命祕檔

## (一九二〇～一九二五)

東大圖書公司

國立中央圖書館出版品預行編目資料

俄共中國革命祕檔（一九二〇——一九二五）／郭恒鈺著．--初版．--臺北市：東大發行：三民總經銷，民85
面；　公分（滄海叢刊）
ISBN 957-19-1875-X（精裝）
ISBN 957-19-1876-8（平裝）

1. 中國-外交關係-俄國

644.8　　　　84011992

© 俄 共 中 國 革 命 祕 檔
（一九二〇——一九二五）

著作人　郭恒鈺
發行人　劉仲文
著作財產權人　東大圖書股份有限公司
　　臺北市復興北路三八六號
發行所　東大圖書股份有限公司
　　地　址／臺北市復興北路三八六號
　　郵　撥／〇一〇七一七五——〇號
印刷所　東大圖書股份有限公司
總經銷　三民書局股份有限公司
門市部　復北店／臺北市復興北路三八六號
　　重南店／臺北市重慶南路一段六十一號
初　版　中華民國八十五年一月

**編　號　E 62039**

**基本定價　貳元捌角**

行政院新聞局登記證局版臺業字第〇一九七號



ISBN 957-19-1876-8（平裝）

# 前記：關於俄共的中國革命祕檔

二十年代的國共兩黨關係，是中國現代史上一段具有重大意義和影響深遠的歷史。一九二七年四月，國民黨「清黨」。七月，「中國大革命」慘遭失敗。三十年代，國民黨「圍剿」「共匪」，中共死裏逃生。四十年代，國共內戰，國民政府「播遷」台灣。今天，海峽兩岸，一邊高喊「一國兩制」，統一中國；一邊強調「政治實體」，建設「大中原」。如果秋後算帳，溯本追源，所有這些都與蘇俄有密切關係。

二十年代的國共兩黨關係史，是一筆糊塗老帳。大陸與台灣雙方所發表的檔案與專著，對於探討諸多重大歷史事件的眞相——如「孫越聯合宣言」的幕後交涉、孫中山的「西北計畫」、蔣介石及胡漢民訪問蘇俄等，並無多大補益。但是，所有這些又都與蘇俄有密切關係。

蘇聯解體後，一九九二年，俄羅斯科學院遠東研究所、前蘇共中央檔案館（現已改稱：「俄羅斯現代史文獻保存及研究中心」）及柏林自由大學東亞研究所（中國研究）共同合作，進行整理、發表俄共（布）❶與中國革命有關的未刊祕密檔案。俄文版與德文版同時發行，內容相同❷。二十年代的《俄共（布）、共產國際與中國民族革命運動》共有兩卷：第一卷（一九二〇～一九二五），第二卷（一九二六～一九二七）。這兩卷收入的文件，是以蘇俄在華推行民族革命運動過程中俄共與國共兩黨關係爲主。其中包括：俄共中央政治局及共產國際執行委員會對其駐華代表及中共發出的指示文件、共產國際駐華代表、顧問自中國寄至莫斯科有關中國民族革命運動、政治軍事情勢發展的報告及電報以及他們與國共兩黨人物的來往函件、一九二三年蔣介石及一九二五～一九二六年胡漢民訪問蘇俄的文件等。

選入的文件是：㈠以迄今尚未發表的祕密檔案爲主。㈡對某些歷史懸案提供新的史料，對某些理所當然的推論或誤解，推出新的證據。㈢有助於透視蘇俄對華政策的形成、背景以及如何在中國具體推展民族革命運動。

在第一、二卷選入的文件中，最重要的祕檔是俄共（布）及蘇共（布）中央委員會政治局及

---

❶一九二五年十二月，俄共（布）改稱爲：蘇聯共產黨（布爾什維克），簡稱：蘇共（布）。

❷《俄共（布）、共產國際及中國民族革命運動》第一卷（一九二〇～一九二五）俄文版已於一九九四年十二月在莫斯科出版。德文版即將付印。「俄共中國革命祕檔」研究計畫主持人，俄方是：基達連克教授；德方是：郭恒鈺教授。

其所屬的「中國委員會」的會議記錄。這些記錄證明，「共產國際與中國革命」這一「命題」是錯誤的，共產國際不過是一個執行決議、傳達指示的對外機構而已。因爲一切有關革命運動的政策路線、具體指示、軍事援助、共黨經費、人事任命等，都要在政治局進行討論，做成決議後，交付執行。俄共中央政治局才是「世界革命的指揮總部」。

第一、二卷選入的大多數文件，是共產國際駐華代表及其他蘇俄駐華人員向莫斯科發出的報告、電報乃至私函。這些文件對於瞭解在執行莫斯科路線、指示時，共產國際內部及其駐華代表之間所發生的爭論與矛盾、成果與後果，具有高度史料價值。

理論上，中國的民族革命運動是由遠在莫斯科的俄共發號施令，統一指揮。但事實上，特別是在情勢急遽變化的時刻，共產國際駐華代表及中共一方面要忠實地執行莫斯科的指示、決議，另一方面又要對急轉直下的緊急情況採取相應措施。這些文件具體地反映了僵化教條與實際情況之間的矛盾和莫斯科的相應態度。

俄共布爾什維克的對外政策，內政亦然，是從實現社會主義的、無產階級的世界革命的意識形態出發。其手段是用（殖民地及半殖民地的）民族革命、解放運動來消滅或分化「帝國主義的後方」。因此，在世界革命的理論及實踐上，「東方」就佔有重要的地位。共產國際第二次代表大會（一九二〇年七月～八月）有關民族和殖民地問題的各項決議以及列寧提出的反帝統一戰線的構想，即其明例。在這個基礎上，共產國際第四次代表大會（一九二二年十一月～十二月）的「東方問題總提綱」提出了解決反帝統一戰線的策略。

共產國際雖然承認「東方」的特殊性與重要性，但對東方所知有限，對在東方推行民族革命、解放運動，既無理論可循，亦無實際經驗可供參攷，更談不上具體方案。共產國際二大與四大的決議，不切實際，空洞矛盾。因此，在推行民族解放運動方面，只有藉助於俄國的革命經驗，深信「放之四海而皆準」。在中國開展的工農運動就是明顯的例子。

俄共祕檔一再證明，莫斯科在空想與現實之間，讓僵化的意識形態牽著鼻子走，一步一步地走向失敗之路。「中國大革命」失敗之後，當時俄共之間以及共產國際與中共之間，還有中共自己直到今天還在爭論錯誤誰犯與誰負責任問題，也就沒有多大意義了。

著者

一九九五年三月於柏林

# 目次

# 蘇俄與國共兩黨關係（一九二〇～一九二五）

根據一九二〇年召開的共產國際第二次代表大會「關於民族與殖民地問題的決議」，共產國際要：一、在中國推行「民族革命運動」，因爲它是反帝的（中國軍閥是帝國主義的走狗），所以它是世界革命的一部分。二、民族革命運動是一個多階級的，民主的資產階級革命，所以要建立一個聯合各種革命勢力的統一戰線。三、這個統一戰線要由一個資產階級政黨—國民黨來領導，所以國民黨必須改組成爲一個具有戰鬥力的「工農政黨」，建立自己的革命武裝。四、中共要「參加」這個民族革命運動和統一戰線，因爲中國的無產階級還不成氣候，不是一個獨立的社會力量；另外也要監督國民黨不要與帝國主義妥協，而脫離革命路線。由於共產國際對於中國民族革命運動的定位及決定中共所應扮演「參加」而非「節目主持人」的角色，因此也就沒有無產階級爭奪領導權的問題，更談不上中共要擁有自己的武裝力量。在中共黨史中對共產國際在這兩個問題上所犯的「錯誤」的指責，也就毫無意義。以上四點，可以稱之爲「列寧遺教」。自一九一年～一九二七年武漢分共，共產國際及其駐華代表基本上信守不渝。

自一九二二年上半年，共產國際在中國推行民族革命運動的策略是：促使孫中山與吳佩孚合作，成立一個親俄的聯合政府，反帝、反對張作霖。孫中山拒絕聯吳棄張，要求蘇俄支持他的「西北計畫」，即在西北邊境的新疆或外蒙用俄援建立革命基地、革命武裝；從西北進攻，打倒北京軍閥政權。因爲孫中山認爲以廣東爲革命基地，過去的經驗證明是極端不利的；不僅受制於英國，又要對付各路軍閥，腹背受敵，力不從心。在西北邊境，背後是盟友蘇俄，遠離帝國主義勢力，可以放手準備「北伐」。日本可能蠢動，但是孫中山相信他有「十萬大軍」，再加上張作霖，可以應付。

一九二三年一月二十六日的孫越聯合宣言，是蘇俄聯孫的開始，並接受了孫中山兩百萬金盧布經援的要求，但對孫中山的西北計畫沒有明確表態。一九二三年七月，孫中山派蔣介石組團訪俄，其主要任務就是在莫斯科與蘇共領導人物磋商如何實現西北計畫。俄方拒絕，因爲外交上蘇俄避免可以引起日本干涉的任何軍事計畫；在內政上，首先這個五花八門，無所不包的國民黨必須改組成爲一個具有戰鬥力的「工農政黨」。其次國民黨要建立革命武裝力量。軍事委員會主席托洛斯基說：「要在中國完成某種程度的政治、軍事準備工作之後才能討論。」

蔣介石在莫斯科參加了十一月二十六日的「共產國際主席團與孫逸仙代表團聯席會議」，也參與討論十一月二十八日通過的「關於中國民族解放運動和國民黨問題的決議」。對共產國際來說，這個決議是蘇俄在意識形態上與孫中山領導的國民黨合作的基本綱領；它主要表現在對三民主義的解釋上。國民黨一大宣言中的「國民黨主義」，就是以此一決議爲藍本，也是中共今天所說的「三大政策」的歷史根源。

孫中山當時聯俄的主要目的，是實現他的西北計畫，蘇俄的經援與軍援是主要因素，也有地緣政治的考慮。但是，當俄方拒絕他的西北計畫之後，孫中山同意接受俄方建議，全力從事政治工作，也就是改組國民黨，使它成爲一個具有戰鬥力的革命政黨，建立革命武裝力量。用孫中山的話來說，就是「以俄爲師」。但是，孫中山並未因而放棄以廣東爲革命基地進行北伐的計畫，建立以孫中山爲首的北京政權，用他的「實業計畫」建設中國。

根據列寧遺敎，共產國際要在中國推行反帝、反軍閥的民族革命運動。因爲這個民族革命運動是一個多階級的，民主的資產階級革命，所以要建立一個聯合各種革命勢力的統一戰線，並且由國民黨這個資產階級政黨來領導。共產國際全力支持孫中山的目的是，用一個具有戰鬥力的「工農政黨」——國民黨和在蘇俄顧問援助下的革命武力，打倒北京軍閥，建立一個以孫中山爲首的親俄政權，一方面進行反帝鬥爭，一方面使農民運動進入土地革命階段，掃淸封建經濟制度，完成資產階級革命的任務。

共產國際與孫中山在打倒北方軍閥、建立國民黨的北京政權的立場上是一致的，祇是雙方的出發點與目的不同，所以在一九二四年至孫中山逝世的這段時期的孫俄關係，堪稱合作無間。共產國際在中國推行民族革命運動，做了兩件大事：一是無中生有，搞出來一個中國共產黨，一是起死回生，以蘇共爲藍本改組了國民黨。國共兩黨在二十年代、三十年代和四十年代都進行了你死我活的殊死鬥爭。今天，海峽兩岸一邊高喊「一國兩制」，一邊要求承認爲政治實體。溯本追源，共產國際是始作俑者。

**——（本文原刊於一九九四年六月二十四日《中央日報》：「解析孫中山先生的聯俄政策」）**

# 第一章　建立共產組織

中共黨史學者，對於中共建黨問題，頗爲重視。專著論文，爲數可觀。傳統的說法是：李大釗與陳獨秀最早提出建黨思想，是黨的主要創始人。官修黨史說：「一九二一年六月，上海共產主義小組在共產國際代表的幫助下，同當時在廣州的陳獨秀、北京的李大釗進行聯繫後，決定在上海召開中國共產黨第一次全國代表大會。」❶換言之，共產國際在中共建黨過程中，祇是發生了「幫助」的促進作用。廖蓋隆說：「共產國際的幫助誠然是促使中國共產黨在一九二一年就得以成立的重要條件，……可以設想，如果沒有共產國際幫助的話，中國共產黨的成立是會稍許推

❶《中國共產黨歷史》（上卷），中共中央黨史研究室著，北京，一九九一，頁五六。

遲一些的。」❷

官方說法是以論代史，難以採信。向青教授持有異見❸，但屬「非主流派」。

根據俄共祕檔，我們得知：俄共是中共建黨的「節目主持人」；俄共與共產國際派到中國來的代表的任務，就是讓那些醉心社會主義、歌頌十月革命、痛恨帝國主義的知識分子，走出象牙之塔，建立共黨組織，從事有血有肉的革命活動，並在政治上、組織上和經費上給予「幫助」。

一九一八年七月，俄羅斯蘇維埃聯邦社會主義共和國成立之後，如何結束戰事，解決經濟崩潰以及擺脫帝國主義列強的干涉，是首要問題。除了跟德國議和和實行新經濟政策外，主要出路是，根據世界革命的理念，在東方各地進行反帝的民族革命、解放運動。

一九一九年三月，共產國際召開第一次代表大會，宣稱：工人的解放不是一個地區的、民族的問題，而是一個國際問題；必須協調無產階級的行動，而且民族的利益必須隸屬於「國際革命的利益」，也就是蘇俄的利益。一九二〇年七月至八月，共產國際召開了第二次代表大會，制定了「新型無產階級政黨」的思想和組織原則，以及共產國際的理論和策略等基本問題。根據

---

❷ 廖蓋隆《關於「共產國際與中國革命」一書》，見《共產國際與中國革命——一九二四～一九二七年中國共產黨和國民黨統一戰線》，郭恒鈺著，李逵六譯，北京，一九八五，頁八～九。

❸ 向青「中國共產黨創建時間的共產國際和中國革命」，見：《近代史研究》，一九八一年第三期。

二大的有關決議，共產國際決定：

一、在東方各地建立具有執行共產國際政策和路線、宣傳馬列思想以及推行民族革命運動能力的共產組織或共產黨。

二、在東方，共產主義思想，影響有限；無產階級不成氣候，還不是獨立的社會力量。此外，在當時民族革命運動又具有資產階級民主主義性格，所以共產國際的決議指出：共產黨人的主要任務是全力支持民族革命運動。

因此，俄共及共產國際在中國推行民族革命運動，負有兩大任務：

一、建立共黨組織，

二、尋找革命盟友。

先談兩項中的第一點。

蘇俄外交事務人民委員會派駐遠東的全權代表維林斯基·西比亞可夫在他向共產國際執行委員會發出關於一九一九年九月至一九二〇年八月期間在遠東地區的工作報告中提及，他早在一九一九年八月（在共產國際第二次代表大會之前），就向俄共中央政治局提出有關在遠東人民中間進行共產主義活動的提綱，經政治局批准後，他攜帶具體指示，以外交事務人民委員會派駐遠東的全權代表身份出發❹。俄共中央的指示，有三點應予引述：

一、蘇俄遠東政策的出發點是：在遠東，日本、美國與中國的利益衝突，勢所難免，應全力使之提前發生，但要避免蘇俄與日本之間的衝突。

二、蘇俄與中國、蒙古及韓國人民的關係必須是在廣大人民群衆中推展從帝國主義桎梏中解放出來的民族革命運動，並給予全力支持。

三、與中、日、韓的革命團體建立經常性的聯繫，並以出版事業爲主要手段❺。

一九二〇年五月，在上海成立了「第三國際遠東祕書處」，統一指揮遠東地區（中、日、韓）的革命工作。中國部的首要任務是：透過學生組織，在中國沿海工業地區的工人組織中建立共產主義小組，並以建黨爲目的。報告說：中國部的工作，迄今成果可觀。在北京、上海、天

❹ 文件4：維林斯基·西比亞可夫給共產國際執行委員會有關東亞人民的工作報告（莫斯科，一九二〇年九月一日）。俄文版與德文版的文件號數相同。
❺ 同上。

津、廣東、漢口、南京及其他地區都已建立了共產組織，不久就可以召開成立「中國共產黨」的代表大會❻。

一九二〇年七月四日，維林斯基．西比亞可夫在幾位工作人員的陪同下，到達北京，隨即於七月五、六、七日三天召開了在華工作的俄共黨人第一次工作會議。議程的第一項是工作成果檢討，第二項就是：即將召開的中國共產組織的大會及創立「中國共產黨」問題❼。

維林斯基．西比亞可夫是蘇俄外交事務人民委員會派駐遠東的全權代表，由俄共指揮，但屬外交系統。一九二〇年春，俄共遠東局在海參威支部之外又成立了一個「國際部」。一九二〇年四月，國際部派維廷斯基爲全權代表，由助手狄多夫（遠東研究所的畢業生，通曉華語）及斯列布里亞可夫（韓國人，姓金）陪同前來中國，從事有組織的，把全國各地的共產團體統一起來的建黨工作❽。在這之前，有關革命活動是由個別的俄僑兼差，如波里夫（天津大學及北京大學教

---

❻同上。
❼同上。
❽文件8：俄共中央西比利亞局遠東人民支部給共產國際執行委員會關於組織及工作的報告（一九二〇年十二月二十一日）。文件21：李定（共產國際遠東祕書處主任）給共產國際遠東部關於在中國的工作報告（一九二一年五月二十日）。

授，共產黨員）。臺灣及大陸的專著都曾提及「祕書馬邁耶夫」，陪同維廷斯基來華❾。根據俄共祕檔，馬邁耶夫是俄共中央西比利亞局遠東人民支部國際部留在海參威的代表，負責組織及聯繫韓國共產黨人；不久派往哈爾濱，主持對日工作❿。

維廷斯基來華後的兩個月，就已與中國各地革命運動的知名人士取得聯繫，談論的主題是如何把各地的共產主義小組和積極的革命分子統一起來。維廷斯基一方面用「聯合出版社」爲核心，爭取各路人馬，另一方面，在陳獨秀的支持下，計劃於一九二〇年七月在中國北方召開一個社會主義及無政府主義組織的代表大會⓫。

根據維廷斯基於一九二〇年八月十七日寫給俄共中央西比利亞局遠東人民部的報告，他在華工作的重要成果是，在上海成立了「革命局」（Revolutionsbüro），由五人組成（其中華人四名，有李大釗）及俄人一名（維廷斯基）⓬。

---

❾《從容共到清黨》（上），李雲漢，臺北，一九六六，頁六〇。參見《共產國際和中國革命關係史稿》，向青，北京，一九八八，頁二一。

❿文件8，前出。

⓫文件1：維廷斯基函（上海，一九二〇年六月）。受信人可能是俄共中央遠東局海參威支部國際部。

⓬文件2：維廷斯基函俄共中央西比利亞局遠東人民支部，伊爾庫茨克（上海，一九二〇年八月十七日）。參閱文件8，前出。

革命局有三個部門：一、出版部，二、資訊部，三、組織部。後者的工作重點是，在學生中進行革命宣傳、組織工作，使學生與工人及士兵建立共同進行革命活動的關係，並計劃在八月中旬成立由具有革命傾向的學生團體組成社會主義青年團（上海社會主義青年團於一九二〇年八月二十二日成立）。維廷斯基認爲，社青團代表應該加入上海、北京及天津的革命局，這樣就可以直接影響社會主義青年團對工人及士兵進行有效地革命活動。維廷斯基在報告中特別強調對學生進行思想教育的重要性，特別是反對美國的民主思潮⑬。俄共及共產國際代表，對於學生的作用非常重視，認爲在上海的學生組織是中國革命的主要支柱⑭。

前面提到，根據共產國際第二次代表大會決議，共產國際認爲，在東方共產主義思想，影響有限，無產階級又不成氣候，共產黨人祇有全力支持具有資產階級民主主義性格的民族革命運動。共產國際的這一提綱，祇指出一個大原則，在執行上，就不免空洞矛盾，小大由之。具體言之，什麼樣的黨政團體、社會階層、政軍人物可以而且應該參與這個民族革命運動？由共產黨人予以支持之革命的、前進的性格又如何定位？共產國際沒有明確地定義或指示。因此，俄共與共

---

⑬同上。

⑭文件6：劉謙給俄共中央阿穆爾省區局的報告（一九二〇年十月五日）。

產國際代表在落實共產國際提綱、決議時，不僅有較大的活動空間，也因而在代表之間、在代表與莫斯科之間，由於分析不同，看法有異，路線之爭就在所難免了。這是後話。至一九二二年初，共產國際的某些代表，對中國認識不夠，從空想和教條出發，主張全力發展中共黨的組織。他們相信，以迄今頗爲成功的學運爲主，在學生與工人及士兵之間建立組織關係之後，黨的快速成長是可能的。因此，中共在起步伊始，就應與非無產階級劃清界限，並以完成社會主義爲最高目的。中共一大的政綱⑮，就具體反映了共產國際代表的「推荐」。

中共官方認爲：「一大黨綱是照搬俄共的，……是共產國際代表幫助的結果。這些說法不完全符合實際。」⑯至於進一步地指出：中國共產黨第一次全國代表大會通過的黨綱，是「中國的先進分子經過長時期的艱苦探索，……認識到只有社會主義、共產主義才能救中國，這是對中國革命認識上的一次具有劃時代意義的飛躍。」⑰那就與俄共祕檔所透露的訊息，相去太遠了。

⑮「中國共產黨宣言」（一九二〇年十一月）、「中國共產黨第一個綱領」（一九二一年），見《中國共產黨第一次代表大會檔案資料》，中央檔案館編，北京，一九八四，頁一～七。內部發行。

⑯《中國共產黨歷史》（上卷）若干問題說明，中共中央黨史研究室一室編著，北京，一九九一，頁二九。

⑰《中國共產黨歷史》（上卷），前出，頁五八。

# 第二章 尋找革命盟友

前面提到，共產國際認爲：在東方，共產主義思想，微不足道，無產階級還不成氣候。因此，共產黨人要全力支持具有資產階級民主主義性格的民族解放運動。如果共產黨人祇能「支持」，而非「節目主持人」，那麼這個民族革命運動又由誰來領導？其結論是：必須尋找革命盟友。

根據阿穆爾省區中國支部祕書劉謙一九二〇年十月五日的報告，劉謙依照指示前往上海與孫中山晤談。談話要點有三：一、儘快聯合在中國南方、蘇俄中央及遠東各地的革命勢力，準備打倒中國北方的反動政府。二、因此要建立一個指揮中心，並以阿穆爾省的 Blagovescensk 爲適當地點。三、在新疆省地區集中兵力，從戰略觀點來看，這是向中國北方進軍的最佳地點。有關集中兵力問題，中國南方領袖孫中山的代表已在蘇俄中央地區進行交涉。爲了確保雙方的緊密聯繫，孫中山擬派兩位代表前往莫斯科❶。

在新疆或俄蒙邊境地區利用俄援建立革命基地、武裝，進行「北伐」，打倒北京政權，這是孫中山的「西北計畫」的核心內容，也是蔣介石訪問蘇俄的主要任務（以下申論）。在俄共祕檔中，劉謙的報告首次提及這個「西北計畫」。此後孫中山在與俄方代表的談話中，也多次論及，但每次內容不同，還不具體。這個「西北計畫」不是孫中山的偉大創見。此一構想又是那裏來的？李雲漢教授在他的大著《從容共到清黨》中，提供了一段難得的史料：

民國八、九年間，有一位國民黨員章曇，曾建議中山先生與蘇俄接近以經營西北，中山先生雖嘉其用心但不納其議。章之建議是：「今日根本治國策，非掃清官僚政治不爲功。欲掃清官僚政治，非實行社會主義政治不可。今日吾黨欲行社會主義政治，必須先得一政治立腳地。環顧域內，無往非官僚盜賊之地盤，南北官吏皆一丘之貉也。獨西北三省兵力單薄，尚屬有虛可乘，且地鄰俄國，彼方實行社會主義，自無侵略領土之野心，易得

❶文件6，前出（第一章註⑭）。參見《從容共到清黨》（上），李雲漢，前出，頁一一五。

同情之互助。今得新省友人函稱列寧政府方召集華工數萬，從事訓練，苟得華人軍官之指揮，率之以入新疆，則陝甘新三省可以立時佔據，再以社會主義召集全國，庶幾官僚政治有澄清之望也。根本救國，捨此莫由。我如不早自經營，則我國西部將來必盡爲英國侵掠，我國現在之盜賊政府決不能爲國民保全也。」

中山先生對章曇這封信的批示是：「查明何人交來，並寄信人如何人，然後酌答獎勵。」顯見中山先生對於章曇經營西北的大膽建議，表示嘉許，但對其所提經營西北的方法，卻不重視。因爲其後中山先生既未召章曇來見，亦未曾對其他國民黨幹部分子提及此事❷。

根據一九二〇年十二月十二日共產國際代表鮑達包夫自上海發給齊契林（蘇俄政府外交事務人民委員會主席）的備忘錄，他與孫中山有密切接觸。鮑達包夫說，孫中山與中國的政軍各界要人有良好關係；有錢，也受到許多資本家的支持。孫中山的影響及於湖南、四川、福建各省，在督軍的幫助下，可隨時發動武裝行動。孫中山的計畫是，首先拿下廣東，征服南方，然後進行

---

❷李雲漢，前出，頁一一四。

北伐。孫中山接受鮑達包夫的建議，有意派兩名親信——廖仲愷和朱執信——前往蘇俄，加強雙方關係❸。

鮑達包夫在備忘錄中最後說，孫中山在談話中多次指出，在蘇俄推行共產主義是不會獲得成功的❹。

共產國際執行委員會祕書索可羅夫在他有關廣東政府的報告中，認爲國民黨的政綱具有社會主義革命的性格，但孫中山對於如何進行社會主義革命並不清楚。他說，孫中山一再強調，張作霖是中國人民的死對頭，必須進行北伐，打倒北京政權。陳炯明持有異見，認爲廣東的首要任務不是北伐，而是如何鞏固內部政權❺。

一九二一年一月十二日，透過戴季陶的建議和拉線，索可羅夫在上海與李大杰（音譯，Listaje；「國民黨中央委員及廣東政府成員」）晤面。後者強調，消滅封建主義是國民黨和廣東政府的首要任務，因此必須進行北伐。李大杰說，這與蘇俄政府的任務與目的極爲相似，雙方應建立密切關係。李有意親赴莫斯科，並以孫中山的名義與蘇俄政府洽談協議。索可羅夫說，孫中

❸文件7：鮑達包夫給齊契林的備忘錄（莫斯科，一九二〇年十二月十二日）。
❹同上。
❺文件9：索可羅夫關於廣東政府的報告（一九二一年四月二十一日），極密。

山想要與蘇俄簽署的軍事協定的主要內容是：年初，紅軍自蘇俄的土爾其斯坦經新疆開入中國西南四川省的最大城市。在那裏國民黨有四萬大軍等候此一轉機，並將熱烈歡迎紅軍❻。

索可羅夫的評語是，進行北伐，廣東沒錢，廣大群衆也不支持。學生是資產階級中國的精神支柱，但他們高喊廣人治廣，廣東以外干卿何事?!何況廣東政權並不穩固，內部意見不一，不具北伐條件❼。

索可羅夫在報告中提出的結論是：蘇俄祇能利用廣東政府爲推行民族革命運動的工具，否則它會倒入敵人懷抱。因此，蘇俄應與廣東政府儘快建立關係❽。

蘇俄當局同意此一看法，但考慮如與廣東政府建立關係是否會得罪北京政府從而影響中俄交涉❾?列寧認爲，蘇俄政府應與孫中山保持經常性的聯繫，可派密使前往廣東❿。

一九二一年十二月初，國民黨參加共產國際在莫斯科召開的遠東各國共產黨及民族革命團體

---

❻同上。
❼同上。
❽同上。
❾文件11：齊契林給楊松（遠東共和國外交部長）的電報（莫斯科，一九二一年十月三十一日）。
❿文件12：齊契林給列寧的信（莫斯科，一九二一年十一月六日）。文件13：列寧給齊契林的便條（莫斯科，一九二一年十一月七日）。

第一次大會（一九二三年一月二十一日～二月二日）代表張秋白已在莫斯科。他表示：廣東政府要與蘇俄建立公開關係⓫。十二月七日，齊契林在給蘇俄政府駐華特使巴克斯的電報中說：在同情中國民族革命的基礎上，與廣東政府進行接觸，但不能影響蘇俄政府對北京政府的政策。與孫中山的來往信件，對外保密⓬。

同年十二月二十三日，孫中山在桂林接見馬林。馬林「說明第三國際意旨，力促國民黨與之聯盟」。孫中山說：「英（若）知我聯俄，必力圖遏我，（以助直系）。吾北伐之師，從此殆矣！爲安全計，今僅能與蘇俄作道義上之聯絡。一俟義師北指，直搗幽燕，再謀具體合作，未爲晚也。」⓭

看過俄共祕檔之後，對於《國父年譜》的這段記載祇有存疑了。

---

⓫ 文件14：杜赫夫斯基與蘇姆亞基的通話紀要（莫斯科—伊爾庫茨克，一九二二年十二月二日）。
⓬ 文件15：齊契林給巴克斯的電報（莫斯科，一九二二年十二月七日）。
⓭《國父年譜》下冊，羅家倫、黃季陸主編，秦孝儀、李雲漢增訂，中國國民黨中央委員會黨史委員會編輯出版，臺北，中華民國八十三年第四次增訂，頁一一六九。

# 第三章　莫斯科：孫吳合作

在推行民族革命運動尋找革命盟友方面，蘇俄首先與孫中山取得接觸。孫中山是一位知名度很高的革命人物，但是，在那個槍桿子裏出政權的時代，不具實力，還不能單獨負起推行與領導民族革命運動的歷史任務。在尋找革命盟友方面，莫斯科還要繼續努力。

一九二二年六月，陳炯明「叛變」，孫中山出走廣州，到上海租界「打游擊」。一九二二年下半年，俄共與蘇俄政府的政策是，促使孫中山與吳佩孚攜手合作，成立親俄的北京政府。莫斯科是雙管齊下，同時進行。

一九二二年三月十五日，維林斯基・西比亞可夫在寫給列寧的信中指出：中國人民所面臨的問題之一，是統一中國和建立一個強有力的政府。他從對中國軍閥勢力的分析中，得到結論說，直系是最強的軍事力量，吳佩孚還會擴大他的影響。孫段張三角聯盟即使實現，也不會發生太大作用。但是，孫中山的「北伐」在目前具有政治上的宣傳意義，也會提高廣東政府的聲望。如果考慮到孫中山有朝一日可能代表中華民國的話，蘇俄政府就應該積極地參與中國的政治活動，何況對於將來的俄中聯盟業已存在良好的必要條件❶。

維林斯基．西比亞可夫於一九二二年七月發給齊契林和托洛斯基的一封電報中進一步地指出，吳佩孚是中國政治上一個不可低估的重要因素；軍隊、財政、運輸和北京政府的內政部都掌握在他的手中，南方各省也都以吳佩孚馬首是瞻。孫中山的政府已經差不多完全崩潰。六月二十七日，維林斯基．西比亞可夫應邀訪問了吳佩孚，後者請代轉一封寫給蘇俄軍隊領導人托洛斯基的信，信中討論有關中俄在遠東的共同任務❷。

二十年代初期，蘇俄在東方各地建立共黨組織、推行民族革命、解放運動的「革命路線」，除了世界革命的意識形態外，也受到外交政策的影響。就中國而言，蘇俄政府㈠、急於獲得北京政府的外交承認，㈡、這又與徹底消滅進入東北和外蒙的白俄軍隊有關，㈢、一九二一年紅軍自

❶文件18：維林斯基．西比亞可夫給列寧的信（北京，一九二二年三月十五日），極密。
❷文件22：楊松給加拉罕的電報（代轉齊契林和托洛斯基，赤塔，一九二二年七月十日），極密。

外蒙趕走白俄殘軍，但又因而產生了外蒙駐軍及外蒙獨立自主問題。這是中俄談判的最大障礙，也是蘇俄代表越飛與孫中山和吳佩孚來往函件的主要內容之一。

越飛於一九二二年八月十九日寫信給吳佩孚說，他以蘇俄政府駐華全權代表身份（於八月十二日）抵達北京之後，發現北京政府對於中俄談判持有懷疑態度，認爲蘇俄居心叵測。越飛希望能夠打破僵局，儘快進行外交談判。至於外蒙問題，蘇俄沒有任何帝國主義野心，祇是由於戰略上的考慮不得不在外蒙暫時駐軍防守。如果撤軍，則白俄匪幫就可以在中國政府的容忍下重新開入外蒙，構成對遠東共和國的嚴重威脅。張作霖也可以藉機佔領外蒙。外蒙問題的解決之道，祇有簽訂俄中協定❸。因爲目前沒有親自晤談的機會，乃派親信赫克將軍（亦稱：蓋克，前陸軍總司令及工農紅軍軍事學院院長，自一九二二年～一九二五年任蘇俄駐華使館軍事武官）前往拜晤，面談一切❹。

八月二十五日，越飛發出一封電報給史大林（俄共中央總書記）說，赫克將軍已與吳佩孚晤面歸來，對吳佩孚軍隊的軍事紀律、訓練素質，印象深刻，評價頗高。赫克轉達說，吳佩孚㈠、

---

❸文件24：越飛給吳佩孚的信（北京，一九二二年八月十九日），極密。

❹同上。

完全同意越飛在八月十九日信中提出的看法，他可以在七至十天之內趕走北京政府，顧維鈞親英親美，但外交經驗豐富，還有剩餘價值。㈡、認爲孫中山是中國的領袖人物，吳自己是軍事強人。如果兩人合作，可以統一中國。孫中山出任總統，吳自己可充任陸軍部長或軍事統帥。㈢、對外蒙很感興趣，有意在一九二三年初，派軍開入外蒙。但同意與蘇俄共同洽商解決外蒙問題。赫克補充說，是否同意蘇俄可以至一九二三年在外蒙駐軍不撤，沒有表明態度❺。

莫斯科要孫吳合作，成立親俄的北京政府。但在這個目的實現以前，希望能夠利用吳佩孚的影響來左右北京政府的人事，以利蘇俄。越飛在九月一日發給史大林的電報中說，北京政府將要改組，反俄的顏惠慶可能受命組閣。但吳佩孚向越飛保證，他將插手改組內閣之事❻。

越飛對於王寵惠內閣並不滿意。九月中旬又函吳佩孚（由赫克面交），「討論幾個雙方都感興趣的問題」：㈠、吳佩孚改組內閣的諾言，沒有兌現。從媒體得知，祇是換了幾個閣員而已；無關痛癢，不濟於事。祇有吳佩孚與孫中山合組政府，才能使中國走出困境，走上統一。蘇俄將全力支持這個新政府。㈡、外蒙問題是中俄建立友好關係的主要障礙，帝國主義者更利用外蒙

❺文件26：越飛給加拉罕的電報（轉史大林，北京，一九二二年八月二十五日），極密。
❻文件33：越飛給加拉罕的電報（轉史大林。北京，一九二二年九月一日），極密。

問題，製造反蘇情緒。蘇俄如自外蒙撤軍，勢將導致張作霖和帝國主義者（透過張作霖）控制外蒙。㈢、根據可靠消息，張作霖與狄特里斯（遠東反蘇運動組織人之一）達成協議，後者自張作霖處取得武器。另外白俄匪幫也從日本撤退的地區滲入東北。蘇俄政府無法熟視無睹❼。

差不多一個月以後，吳佩孚回了一封短信：接讀來書，銘肌鏤骨。信中不便坦述己見，是請赫克將軍面陳一切❽。

越飛寫給吳佩孚的第一封信的日期是八月十九日，三天後，就致函孫中山「討論幾個具體的問題」：㈠、張作霖及其軍閥勢力是站在民族解放運動這一邊兒，還是帝國主義的同路人？北京有那些人支持他？㈡、孫中山與張作霖已經達成攻打吳佩孚的協議。這是藉張作霖的力量，個個擊破，消滅敵人，還是孫中山認爲張作霖的政策有利於中國前途？對張作霖，蘇俄應採取何種態度？㈢、越飛不能理解孫中山與陳炯明的衝突。爲何一定要互動干戈？㈣、南方爲什麼不承認北京議會？㈤、越飛不能理解，爲什麼孫中山不能與吳佩孚攜手合作，從而擴大孫中山及國民黨的影響？越飛最後提及，北京外交部不接受他的任何建議，因此外交談判僵局無法打開。每次談判

❼文件38：越飛給吳佩孚的信（長春，不晚於一九二二年九月十八日）。

❽文件40：吳佩孚給越飛的信（洛陽，一九二二年十月十二日）。

開始，中國政府代表都首先提出蘇俄軍隊何時撤出外蒙的問題，並同時發動反俄輿論。越飛說，蘇俄在外蒙沒有任何野心，暫時駐軍，實非得已。如果現在撤軍，對中國也不見得有利。越飛相信孫中山會同意他的看法，從旁協助早日打破外交談判僵局⑨。

在這封信的原稿上，有一個越飛手寫的眉批：「如果以爲孫中山會對這些棘手問題給予答覆，那實在是天眞的想法。」⑩

出乎越飛意料之外，孫中山馬上回信，而且詳細地答覆了越飛所提出的各項問題，這也反映了孫中山在上海「打游擊」，突破困境的迫切心理：㈠、孫中山首先指出北京政府沒人支持，是列強在華的代理人，尤其是在對蘇俄關係上。孫中山說，等他拿下北京，成立由他領導的北京政府以後，再談不遲。孫中山勸告越飛：稍安勿躁，爲期不遠！㈡、至於外蒙問題，孫中山對蘇俄的誠摯態度，深信不疑。孫中山同意蘇俄在外蒙駐軍，直到北京換了政府之後再進行談判解決。現在撤軍祇對帝國主義有利。㈢、張作霖不是賣國賊，亦非日奸；蘇俄不要逼張倒向日本。張作霖不依靠北京的任何勢力或某些社會階層的支持，他的原則是，抓住槍桿子不放。孫中山強調統

---

⑨ 文件25：越飛給孫中山的信（北京，一九二二年八月二十二日）。

⑩ 同上。

一中國最爲重要，張作霖支持北伐；孫中山願與接受他的條件的任何人攜手合作。張作霖反對英美，因爲兩國幫助吳佩孚，這也回答了吳佩孚的問題。㈣、陳炯明是個「壞人」。同志因政見不同，可以分道揚鑣。但分手採取謀殺領袖的方式就不可原諒了。㈤、孫中山已勸告國民黨議員，前往北京參加議會活動，但北方軍閥使國會不能發生作用。㈥、孫中山深信，蘇俄將阻止日本在東北插足生根。㈦、孫中山說，越飛「你錯了！」他與北京外交部，劃清界限，不相往來。請越飛回頭看看此信開宗明義第一點⑪。

八月三十日，越飛發電報給加拉罕，報告孫中山來函內容。越飛說：「孫已上鈎」，答覆所有問題，尤其是同意越飛的外蒙立場。越飛建議，蘇俄政府應分別寫信給孫中山與吳佩孚，強調越飛爲蘇俄政府官方代表，必須與北京政府進行交涉⑫。

九月十五日，越飛自長春回信給孫中山（由赫克將軍轉交）。越飛首先強調，他個人認爲目前解決中國問題的最佳途徑是孫吳合作，共同攜手組成中央政府，蘇俄將給予全力支持。越飛說，蘇俄不會承認日本在北滿的特殊權益，但也不能容忍白俄殘軍在東北集結，製造新的白俄軍

⑪文件27：孫中山給越飛的信（上海，一九二二年八月二十七日）。
⑫文件29：越飛給加拉罕的電報（北京，一九二二年八月三十日），極密。

隊橋頭堡⑬。

九月十八日，越飛寫信給馬林說，根據他的看法，孫中山與吳佩孚合組北京政府是當前中國政治最重要的事情⑭。

⑬ 文件36：越飛給孫中山的信（長春，一九二二年九月十五日）。
⑭ 文件37：越飛給馬林的信（長春，一九二二年九月十八日）。

# 第四章　孫中山的「西北計畫」

中國國民黨中央委員會黨史委員會出版的《國父年譜》記載：民國十一年八月二十五日，蘇俄代表越飛派人攜函來滬與先生接洽❶。「三十日函召蔣中正來滬，商議應付蘇俄派來軍事人員。」「函稱：『某事近已由其代表專人帶函來問，遠東大局問題及解決之法，予已一一答之。……彼有一軍事隨員同行，已請彼先派此員來滬，以備詳詢軍事情形，想不久可到也。』此乃先生與越飛之代表晤談大略情況」❷。

❶《國父年譜》，前出（第二章註⑬），頁一二三六。
❷同上，頁一二三八。

越飛於八月十二日抵達北京，十天後寫信給孫中山，信由馬林轉交。馬林不負有「接洽」任務，亦非「軍事隨員」。俄共祕檔中，沒有《國父年譜》關於八月二十五日這樣的記載。越飛的「軍事隨員」是赫克將軍，越飛寫給孫中山的第二封信（九月十五日），根據馬林的建議，由赫克將軍面交。

九月二十六日上午九時，赫克將軍在上海的孫中山寓所「面謁國父」；由馬林陪同，顧爾曼（《上海生活》編輯）擔任翻譯。《國父年譜》沒有任何有關記載。

孫中山在給蔣介石的信裏說，越飛派其「軍事隨員」帶函來問「遠東大局問題」，「以備詳詢軍事情形」。問那些遠東大局問題？詳詢什麼軍事情形？孫中山語焉不詳，《國父年譜》也跟著打馬過橋，點到為止。此時，孫中山在上海租界「打游擊」；沒有鈔票、沒有軍隊、沒有政府、沒有革命基地，但他決心要在他的領導下，進行北伐，統一中國。因此，急需俄援，以期實現他的「西北計畫」；這就是「以備詳詢軍事情形」的註解。這次談話對於孫中山和越飛、俄共都有重大意義，「馬林關於赫克與孫中山的談話紀要」，值得引述❸。

孫中山大體上同意越飛來函，認為不必討論，因此他開門見山，單刀直入，提出一個原則問

---

❸ 文件39：馬林關於赫克與孫中山的談話紀要（上海，一九二二年九月二十六日）。

題：蘇俄是否有意幫助孫中山實現一個統一的中國的願望？如何援助？赫克說，原則上蘇俄會給予援助，而且認爲孫中山有能力統一中國。但越飛期望孫吳合作，避免內戰。孫答：直奉戰爭勢所難免，張作霖穩操勝算。赫克說他看過吳佩孚的武裝力量，勝過奉系兵力。另外吳佩孚對孫中山頗有好感，且有意與孫共組政府，由孫中山來領導。赫克認爲吳佩孚是一位民族主義者，爲中國的統一而奮鬥。

孫中山說，吳佩孚和張作霖在本質上有所不同。吳是一件「成品」，難以改造；「土匪」張作霖是一塊原料，可以雕飾。張亦非帝國主義者的同路人，吳則仰人鼻息；吳佩孚的勝利，也將導致英美進一步地控制中國。吳對蘇俄的友好態度，亦應存疑。赫克反駁說，張作霖跟所有反蘇俄的敵人合作，東北已是日本的一省。現在又與狄特里斯勾搭。蘇俄不能坐視東北變成第二個外蒙，從那裏進攻蘇俄。

孫中山說，他已經派人去奉天，說服張作霖接近蘇俄。如不成功，將對張採取相應措施。接著孫中山提出他的「西北計畫」。孫中山深信他早晚可以統一中國，但獨力難以完成大業，有待外援。這個伸出援手的友人就是蘇俄。具體地說，就是在中國西北或土耳其斯坦，用來自蘇俄的軍火建立一支革命武裝力量。直奉戰後就可以著手進行。孫中山說，他在廣東、江西、廣西、貴州、雲南、四川各省擁有軍事組織，但裝備不佳。不知蘇俄能否援助實現「西北計畫」？赫克以土耳其為例，蘇俄有意也有能力給予支援，但首要問題還是如何統一民族革命力量。孫中山說，如果越飛在原則上接受他在西北建軍的構想，他將派一位軍事專家前往長春，與赫克將軍共同研討具體方案，以供莫斯科參考❹。

赫克在上海會晤孫中山以後，越飛於十月十七日發給史大林一封電報說，孫中山的基本立場是，以武力解決中國的革命問題，因此他要擁有一支強大的武裝力量。孫中山失去廣東之後，他又急需一個收復廣東的基地；孫中山先在福建採取行動，之後又在四川謀求發展。越飛說，孫中山的這種做法，使蘇俄不得不支持一個軍閥去打另一個軍閥，但不能使任何一個軍閥過於強大。越飛報告說，他曾嘗試說服孫中山，並指出孫的政策的缺點是：㈠、如果孫中山削弱吳佩孚的地位，也就是削弱民族的中國的戰鬥力量，對孫自己也不會有何好處。㈡、孫中山如果助張為虐，也就是幫助蘇俄的敵人，勢將影響中俄友好關係。㈢、如果孫中山集中全力進行武裝革命，勢將在發展中的革命孤立自己。越飛說，目前孫中山急需俄援來實現他的西北計畫，在東土耳其斯坦或外蒙建立武裝力量，因此電請莫斯科儘快表態，以便答覆孫中山❺。

❹同上。
❺文件41：越飛給齊契林的電報（轉政治局史大林。北京，一九二二年十月十七日），極密。參閱文件42：越飛給齊契林的電報（轉史大林，北京，一九二二年十一月一日），極密。

一九二二年十一月二日，孫中山又寫了一封信給越飛說，自從雙方交換意見之後，他即與吳佩孚取得聯繫，洽商攜手合作，共組政府。但吳佩孚無動于衷，立場不變。因爲吳佩孚深信，如果直奉衝突，蘇俄一定會助吳打張。孫中山說，蘇俄助吳滅張的做法，就是間接地反對我孫中山，他不相信這是蘇俄的政策，也無法爲了聯吳而背棄忠實的老朋友。蘇俄政府將會透過孫中山取得張作霖對蘇俄利益的支持❻。

孫中山的這封信，張繼於十一月九日在北京面交越飛。第二天，越飛發出電報給史大林，轉述孫中山來函內容並報告回信要點：越飛重申孫中山是蘇俄的唯一友人，不會助吳反張。越飛在電報中提及他個人的看法是，孫中山多少在耍花樣，他最擔心的是，如果蘇俄紅軍在東北附近集結，無異是蘇俄幫助吳佩孚徹底消滅奉系勢力，其結果是，在中國祇剩下一個最強的敵人——吳佩孚。在反吳鬥爭上，孫中山急需張作霖假以援手，因此，孫中山不能見死不救。越飛說，吳佩孚沒有競爭對手，對蘇俄也不見得有利❼。

孫中山爲蘇俄紅軍集結在東北邊境一事，又親自寫信給列寧，表示關心，勿重蹈沙皇覆轍。

---

❻文件43：孫中山給越飛的信（上海，一九二二年十一月二日）。

❼文件46：越飛給齊契林的電報（轉史大林。北京，一九二二年十一月十日、十三日），極密。

孫中山有意在最近時期派全權代表前往莫斯科與列寧及其他俄共領導人討論雙方利益問題❽。

越飛在十一月七、八日發給史大林的電報中轉述馬林與孫中山的談話內容：孫中山強調吳佩孚沒有誠意，並對吳阻撓孫丹林前來上海與孫晤談，尤表不滿。吳佩孚則指責孫中山與皖奉兩系勾搭，居心叵測。至於外蒙問題，孫中山不反對蘇俄駐軍，但不能同意外蒙獨立。馬林認為，蘇俄不應該因為兩百萬蒙古人而傷害到與中國民族主義者的感情；民族革命運動重於外蒙的獨立要求。另外，孫中山指出，蘇俄現在因白俄問題而派遣紅軍進入東北，為時尚早，尤其不該給日本人以任何藉口。

越飛在電報中說，孫中山最關心的還是如何利用俄援實現他的西北計畫。孫中山現在又提出新的建議：蘇俄派出一個師，而且在孫中山的直接指揮下佔領新疆。在那裏祇有軍隊四千人，不會遭遇任何抵抗；何況鄰省四川有十萬大軍與孫中山共進退。孫中山又進而提出建議說，紅軍佔領新疆之後，可以成立一個俄德中聯合公司，共同開發新疆資源，並建立鋼鐵廠及兵工廠。孫中山說，他決意親自出馬，前往新疆成立一個新政府，甚至是一個蘇維埃政府都可以。因為孫中山要派人前來討論具體計畫，越飛再次請求莫斯科給予指示。越飛認為，祇要孫中山還是一個「私

❽ 文件50：孫中山給列寧的信（上海，一九二二年十二月六日）。

人」老百姓，與孫中山簽訂公開形式的協議，爲時尚早❾。

同一天，越飛在給馬林的信中說：「孫的關於在東土耳其斯坦建立一支革命軍隊的異想天開的計畫，我已經報告莫斯科，並附上我的意見。我也認爲只要孫博士還不是正式的中央政府中的人物，我們就不能做佔領中國的打算。」❿越飛對張繼表示，孫中山在政策上的缺點是：㈠、不積極參與北京的政治活動。㈡、祇想進行軍事革命。㈢、忽視群衆的組織工作⓫。

十二月二十日，孫中山鍥而不捨，再函越飛。自從離開廣州之後，孫中山深感以廣東爲革命基地是極端不利的。主要是受制於英國及其海軍；腹背受敵，力不從心。基於現實需要的考慮，最好能與蘇俄合作。孫中山說，他現在可以動員十萬大軍，由四川經甘肅開入內蒙，沿歷史上的進攻路線，由西北攻入北京。爲此，孫急需武器、軍火及軍事專家的援助。孫中山問：蘇俄能否從東土耳其斯坦給予支援？假如同意，俄援範圍如何？孫中山相信，如果這個計畫付諸實現，孫的敵人一定是吳佩孚。因爲英國及其他列強必將助吳反孫。現在吳佩孚已與英國暗中勾結，並且

---

❾ 文件44：越飛給齊契林的電報（轉史大林。北京，一九二二年十一月七、八日），極密。
❿ 越飛致馬林的信（一九二二年十一月七日，北京），見《馬林與第一次國共合作》，李玉貞主編，北京，一九八九，頁八九。
⓫ 文件44：前出。

聯合陳炯明解決孫中山在福建的武力。最後孫中山說，他的計畫是「果敢的、嶄新的、也是革命的。」如果蘇俄政府同意此一構想，請派專家來談。「沒有革命性的措施，就無法推翻這個腐敗的制度，實現任何眞正的改革。」⓬

莫斯科的政策是：孫吳合作。孫中山的答覆是：棄吳聯張，用俄援實現他的「西北計畫」。但是一直到一九二二年底，越飛是「擇善固執」，依然不放棄孫吳合組政府的努力，且抱有樂觀態度⓭。

十一月中，越飛寫信給吳佩孚說，他從北京的政情發展來看，吳孫合作，尤其必要。越飛對兩位都有救國決心的領袖人物不能攜手共事，深感不解。吳佩孚指責孫中山接近張作霖，孫中山則不滿吳佩孚阻撓孫丹林來滬洽談，且與陳炯明有密切關係。就越飛所知，孫張之間至少沒有文字上的協議，但孫對吳的指責並非空穴來風。越飛一再強調，孫吳合作，共組政府，是當前中國政治的首要任務。至於外蒙問題，越飛不能同意沒有外蒙代表參與談判。關於中東鐵路，俄方的要求是，在中國未能針對張作霖、日本或其他列強的野心提出保證之前，要完全控制鐵路的行政

⓬文件51：孫中山給越飛的信（上海，一九二二年十二月二十日），極密。
⓭文件45：越飛給加拉罕的電報（轉史大林。北京，一九二二年十一月九日），極密。

管理權⑭。

接信兩天後，吳佩孚就函覆越飛。在外蒙問題上，吳佩孚說，他與赫克顧問已在洛陽達成協議：當中國有力接收外蒙時，蘇俄應立即撤軍。至於外蒙代表參加中俄談判，從未有人提出。外蒙屬於中國，外蒙與蘇俄政府所簽訂的任何條約，中方不能給予承認。至於中東鐵路問題請越飛與外長顧維鈞直接洽談⑮。

吳佩孚不談孫吳合作，共組政府，在外蒙問題上又與孫中山的立場不同。其實這祇是一個引子，也是吳佩孚與蘇俄關係破裂的信號。莫斯科必須在孫吳之間做一選擇。

---

⑭文件47：越飛給吳佩孚的信（北京，一九二二年十一月十八日）。

⑮文件48：吳佩孚給越飛的信（洛陽，一九二二年十一月二十日）。

# 第五章　莫斯科：棄吳聯孫

一九二二年下半年，俄共與共產國際決定採取孫吳合作的路線，並由越飛主其事，對外守祕。不論孫吳合作能否付諸實現，蘇俄聯孫已成定局。其手段是中共黨員加入國民黨，從內部挖牆腳，使國民黨成為一個「工農政黨」來領導民族革命運動。因此，同年七月，共產國際執行委員會決議：中共黨員以個人身份加入國民黨，同時中共應即著手從事組織工會的工作❶。

七月底，馬林攜帶共產國際的指示，前來中國，並參加中共於八月二十九日至三十日召開的

---

❶文件53：共產國際執行委員會主席團會議速記記錄（莫斯科，一九二二年十二月二十九日）。文件56：共產國際執行委員會會議速記記錄（莫斯科，一九二三年一月六日）。

「西湖會議」，由於中共黨內大多數人對於「加入」的做法存有疑慮，「所以西湖會議以後，只有陳獨秀、李大釗等中央少數領導人加入國民黨。」❷但是，馬林在對共產國際的有關報告中說，中共中央成員一致同意，加入一案沒有遭到「認眞地反對」。反對的意見祇有來自廣東小組，因爲他們支持陳炯明反對孫中山。因此，廣東小組的領導人被開除黨籍❸。

蘇俄聯孫已成定局，但問題是：「如何」聯孫。越飛力主全力支持，馬林同聲相應，亦步亦趨；對莫斯科在政策上具有不可忽視的影響。但是，維廷斯基及其共產國際的東方部對孫中山持有存疑態度，甚至採取反對措施。此是後話，下節申述。

一九二三年一月四日，俄共中央政治局會議做成八點決議，其中有關三點是：㈠、再度證實政治局於一九二二年十一月十六日關於中東鐵路的決議（蘇俄保留對中東鐵路的所有權，因爲蘇俄是東方人民之友、帝國主義之敵，願意放棄政治上及法律上的特權，並在有關方面對中國讓步。）㈡、授命越飛發表一個一般性的聲明說，蘇俄勞農政府在中國的政策是以反對帝國主義的鬥爭爲原則。㈢、接受外交事務人民委員會的建議：同意越飛全面支持國民黨的政策，並指示外

❷《中共黨史大事年表》，中共中央黨史研究室，北京，一九八七，頁十八～十九。
❸同註❶，文件53。

交事務人民委員會及共產國際的代表向此一方向加強工作。支持國民黨的費用由共產國際的預備基金支付❹。

一個星期以後，共產國際執行委員會於一月十二日通過「關於中國共產黨與國民黨的關係問題的決議」（「一月指示」）❺。決議通過之前，共產國際內部曾進行熱烈討論。馬林指出，中共黨員在國民黨內有完全的行動自由，有自己的報紙，也可以毫不保留地批評國民黨；認爲中共黨員應該留在國民黨內，積極參與各項工作，以期在不久的將來使國民黨變成「一個具有共產主義內容的眞正的工人政黨」。主持討論的布哈林（共產國際執行委員會委員，俄共中央委員）說，蘇俄在中國的主要任務是推行民族革命。國民黨需要有人支持，但在四面楚歌的情形下，必然要與資產階級國家結盟，不可忽視。而民族革命的重要任務又是組成一個工人政黨。布哈林指出，中國有五億人口，但無產階級祇有五百萬人。這種情況是辯證的，也是矛盾的。一方面要成立包括無產階級在內的各種革命勢力的統一戰線，另一方面又不能有獨立自主的無產階級的運

---

❹ 文件55：俄共（布）中央政治局會議記錄第四十二號（莫斯科，一九二三年一月四日）。

❺ 「共產國際執行委員會關於中國共產黨與國民黨的關係問題的決議」（一九二三年一月十二日），見《共產國際有關中國革命的文獻資料》（1919～1928）第一輯，中國社會科學院近代史研究所翻譯室編譯，北京，一九八一，頁七六～七七。

動。由於這種矛盾的情況，也就產生了矛盾的組織形式——「黨內合作」❻。

因此，「一月指示」說：「中國唯一重大的民族革命集團是國民黨」，「工人階級又尚未完全形成為獨立的社會力量」，「因此，在目前條件下，中國共產黨黨員留在國民黨內是適宜的。」「只要國民黨在客觀上實行正確的政策，中國共產黨就應當在民族革命戰線的一切運動中支持它」❼。

全力支持國民黨，這是蘇俄在中國推行民族革命運動的原則問題。但在落實政策方面，莫斯科還要在孫中山與吳佩孚之間做一選擇。

一九二三年一月十三日，越飛自北京給俄共中央、蘇俄政府及共產國際領導人發出一封長信。根據他的分析，目前曹錕還不會與吳佩孚徹底分手，雖然後者已經孤立無援，但是死不認帳，還要做困獸之鬥。中國軍閥沒有地盤，就像騎兵沒有馬，不能呼風喚雨。因此，吳佩孚不會放棄擴大地盤的打算。向北發展，則有曹錕和馮玉祥妨礙交通，勢不可行，祇好向南尋求出路。在南方支持孫中山的軍閥朝三暮四，有機可乘。但在南方孫吳相遇，武力衝突又在所難免。另外

❻同註❶，文件56。
❼同註❺。

吳佩孚對蘇俄的態度也有轉變。如果蘇俄一定要在孫吳之間做一選擇的話，其結果必然是棄吳聯孫。越飛繼續指出，在南方，陳炯明已是窮途末路，孫中山完全控制南方，爲期不遠。在與張作霖合作的情形下，除了吳佩孚控制的一個省份之外，孫中山在不久的將來可以成爲全中國的主人❽。

---

❽文件57：越飛給俄共（布）、蘇俄政府及共產國際領導人的信（北京，一九二三年一月十三日），極密。

# 第六章　孫越聯合宣言

一九二三年一月初，俄共與共產國際決定中共黨員繼續留在國民黨內支持民族革命運動和棄吳聯孫。同時，俄共中央政治局又授權越飛發表一個一般性的公開聲明，宣稱蘇俄在中國的政策是以反對帝國主義的鬥爭爲原則。就越飛而言，北京中俄會議的僵局也有待解決。

一月十五日，越飛致函北京政府的外交總長說：「本代表以醫生囑往南方養痾，故須離京。假期內由駐華蘇維埃全權代表團參事達夫提安代理職務。相應函達，即希查照。敬頌日祺。」❶

❶譯勞農代表致外交總長函第一六三號（一九二三年一月十五日），原件，檔號：03-32, 462(2)，臺北中央研究院近代史研究所存檔。

次日越飛離京，十七日抵達上海。留滬期間曾與孫中山數度晤談。一月二十六日，也就是「孫中山與越飛關於中俄關係聯合宣言」發表的那一天，越飛自上海給俄共、蘇俄政府及共產國際的領導人發出兩份詳細地「極密」報告，提供了許多迄今聞所未聞的珍貴史料❷。

越飛認爲，孫中山的成果，與日俱增，業已控制了廣東及整個南方。但是，孫中山與吳佩孚的緊張關係，亦見升級。後者有意在福建對孫中山採取行動，這也可以從吳佩孚對外蒙的態度得到證實。越飛說，目前外蒙撤軍已成爲議論的中心問題。外蒙宣慰使那彥圖發表通電譴責蘇俄，曹錕也發表通電要求外蒙回歸中國，速派軍隊驅逐俄軍出境。但值得重視的是，吳佩孚在這個俄大合唱中，聲音最大，藉以表示他在外蒙問題上決非親俄。換言之，吳佩孚的今日處境，使他不得不反孫又反俄。在孫吳衝突之際，蘇俄決不能助吳反孫。越飛指出，當他在上海與孫中山數度接觸之後，更確信不疑❸。

根據越飛的報告，公開發表「孫越宣言」是越飛的主意。這又與越飛在北京迄今未能打破中俄會議僵局的兩大課題有關：外蒙撤軍及中東鐵路。

---

❷ 文件60：越飛給俄共（布）、蘇俄政府及共產國際領導人的信（上海，一九二三年一月二十六日），極密。文件61：越飛關於與孫中山合作的前瞻及其可能引起的後果的思考（上海，一九二三年一月二十六日），極密。

❸ 文件60：前出。

一九二一年七月六日，蘇俄紅軍自赤塔進兵，佔領庫倫，驅逐白俄舊黨，駐軍不動。一九二二年秋，赤塔遠東政府與蘇俄勞農政府合併，海參威又適於其時自白黨歸入勞農政府，遂又發生中東鐵路主權問題。對北京政府而言，中俄會議開議的先決條件是：蘇俄自外蒙撤軍。換言之，外蒙是中俄會議僵局的主要障礙。「赤軍大舉內犯」，「俄黨謀佔東路」，輿論排俄，甚囂塵上。此外，列強煽風點火，防止中俄接近，北京外交使團也阻礙交涉進行❹。

當時孫中山在上海租界「打游擊」，沒有實力，沒有官銜，以「孫逸仙博士」的平民身份更沒有簽署具有「孫越聯合宣言」那樣外交文件的資格。但是，孫中山在中國和國際上知名度極高，又是中國最大的資產階級政黨——國民黨的革命領袖。如果孫中山能公開發表一個有關外蒙撤兵和中東鐵路的聲明，蘇俄藉機表示在中國無意輸出共產主義，「放棄」帝俄時代在華侵略所得各項權益，對蘇俄來說，是一次最佳的宣傳機會，對於消除「恐懼過激主義的蔓延」的國人心理和打破中俄會議的僵局，不無補益。

越飛在報告中說，他建議：就雙方交談達成共識的問題發表一項公開聲明。孫中山「馬上表示完全同意」。越飛進而指出：孫越聯合聲明，從措詞來看，可以視爲蘇俄與孫中山的聯合宣言

---

❹「中俄復交之經過」，張梓生，《東方雜誌》第二十一卷第十三號（一九二四年七月十日），頁三一～四三。

❺。

國民黨的官方刊物和臺北出版的諸多專著論文，對於「孫越聯合宣言」的歷史意義評價極高，《國父年譜》說：「此次先生與越飛聯合聲明，態度極為嚴正。首先聲明共產組織與蘇維埃制度，均不能施行於中國，並取得俄方放棄帝俄時代在華侵略所得各項權益之聲明。要越飛切實宣告蘇俄政府不在外蒙實施帝國主義政策或使外蒙脫離中國，尤見其洞燭蘇俄野心之所在。」❻

如果仔細分析一下「孫越聯合宣言」，所見未必略同：

㈠、孫中山「以為共產組織、甚至蘇維埃制度，事實上均不能引用於中國……」蘇俄在中國推行民族革命運動，做了兩件大事，一是「無中生有」，搞出來一個中國共產黨，一是「起死回生」，以蘇共為楷模，改組了國民黨。這都屬於「共產組織」的範疇，「引用於中國」，而且直到今天。

㈡、孫中山「要求越飛君再度切實聲明一九二〇年九月二十七日俄國對中國通牒列舉之原則。」對此要求，越飛「君」祇宣稱俄國政府「準備」且「願意」根據俄國拋棄帝俄時代中俄條約

❺ 文件60：註⓬。
❻《國父年譜》，前出（第二章註⓭），頁一二九二～一二九三。

之基礎，另行開始中俄「交涉」。非如《國父年譜》所說：「取得俄方放棄帝俄時代在華侵略所得各項權益之聲明。」

㈢、至於中東鐵路，孫中山承認「祇能維持現況」。這是俄方的立場，而且不能自做主張，「以爲此點應與張作霖將軍商量。」

㈣、外蒙撤兵是宣言中最重要的一點。越飛宣稱蘇俄沒有帝國主義的野心，孫中山則「因此以爲俄國軍隊不必立時由外蒙撤退，緣爲中國實際利益與必要計……」換言之，孫中山完全同意蘇俄的外蒙政策。

《中華民國史事紀要》根據「張繼於此事十九年後」的憶述說：「觀此，可知孫大總統函中，對越飛態度之模稜，玩弄兩面外交，確曾予以嚴厲之指責。」[7]這種推論，似與史實不符。從發表的聯合宣言來看，如果按點計分，孫中山的得分是零。但是幕後交涉，孫中山另有要求，未交白卷。

越飛在上海與孫中山數度晤談的題目有兩個：一是中俄關係，也就是上述「孫越聯合宣言」

---

7 《中華民國史事紀要》——民國十二年（一九二三年）一至六月份，中華民國史事紀要編輯委員會，臺北，民國六十八年，頁一二〇。

的四項。一是孫中山的北伐計畫。這是越飛在一月二十六日發給莫斯科兩份報告的重點，孫中山有兩個具體計畫：

㈠、孫中山的第一個計畫：消滅吳佩孚，佔領北京

一九二三年一月中旬，滇、桂軍攻佔廣州，陳炯明戰敗，宣告下野。孫中山對越飛說，吳佩孚不會見死不救，一定伸以援手。此時孫與吳的直接衝突必不可免。孫中山決心一戰；動員十萬大軍，從湖南與四川兩面夾攻洛陽與漢口。同時，張作霖率軍進佔北京，因爲馮玉祥對孫中山沒有敵意，曹錕及其黨羽也有氣無力，不會遭遇任何抵抗。此時吳佩孚已被孫中山擊敗，張作霖交出北京，孫中山前往北京，也就是統一中國的主人了。

越飛說，這是一廂情願的想法，孫中山銀根吃緊，也無力動員足夠的兵力消滅吳佩孚，爲了實現這個計畫，孫中山至少需要二百萬墨西哥銀元（等於同一數目的金盧布）；但孫中山深信，蘇俄會給他這筆經援。越飛繼續指出：這個計畫還有一個危險的漏洞，就是張作霖如果不交出北京怎麼辦？在這種情形下，孫中山又需要蘇俄的援助，即蘇俄在東北發動牽制攻勢，逼迫張作霖撤出北京❽。

---

❽ 文件60，註❷。

### ㈡、孫中山的第二個計畫：「西北計畫」

如果第一個計畫由於某種原因無法付諸實現，孫中山還有一個長期的「西北計畫」，越飛說，孫中山爲了實現這個計畫更要完全依賴蘇俄。

孫中山認爲，北伐迄今未竟全功，主要是以南方爲革命基地，受制於帝國主義，力不從心。如果向西北內地轉移，背後是盟友蘇俄，情勢完全不同。因此，孫中山有意動員「十萬大軍」經甘肅、山西向蒙古邊境進出，並經東土耳其斯坦與蘇俄取得直接聯繫。但是這批軍隊要由蘇俄給予裝備並提供軍事顧問。孫中山相信，在一至二年之後，這批具有戰鬥力的軍隊就可以派赴戰場，進行最後的北伐，而且這一次必須徹底勝利[9]。

越飛在報告最後分析說，孫中山的這個計畫完全依賴蘇俄。如果不給予援助，則在中國推行民族革命運動的勝利必將推遲實現。因此，具體地的問題是，蘇俄是否：㈠、願意給孫中山二百萬金盧布的經援？㈡、同意對張作霖進行牽制作戰？㈢、接受在一至二年內裝備十萬大軍的要求？越飛指出，遠東是帝國主義勢力最弱的一環。如果中國的民族革命運動因俄援而獲得成功，可以向全世界顯示，蘇俄是東方被壓迫人民的救世主。孫中山不會變成土耳其的凱末爾，他是一

---

⑨ 同上。

個徹頭徹尾的革命家；如果蘇俄現在與孫攜手合作，孫中山將永遠不會背叛蘇俄。二百萬金盧布，區區小數又算了什麼[10]!?

越飛在一月二十六日發出的第二個報告中，對孫中山的第二個計畫——「西北計畫」，從中國的國內因素、國際情勢和軍事觀點，予以分析，也提出諸多疑點。但其基本態度還是全力支持[11]。

[10] 同上。
[11] 文件61，註[2]。

# 第七章　維廷斯基與「五月指示」

在尋找革命盟友方面，外交系統的越飛對孫中山的評價是，推崇備至——有時言過其實——，對國民黨的分析未免過分樂觀。共產國際東方部的維廷斯基從開始就對孫中山不具好感，對國民黨更有微詞。除了政治觀點、立場之外，也許想當年中共是在維廷斯基的「幫助」之下建立的，他對中共具有一份特殊的情感，力主擴大中共組織，全力發展工人運動。

中共建黨一年以後，一九二二年八月，維廷斯基（時任共產國際東方部主任）寫信給中共中央指出，中共在目前的主要任務是積極參與政治鬥爭，加強對知識分子、工人及士兵的宣傳工作，藉以鞏固和擴大共產組織。當時，俄共中央已經決定中共黨員加入國民黨。但是，維廷斯基說，對最有影響的民族資產階級政黨——國民黨，中共要在「文字協議的基礎上」，密切聯繫，以期建立民主聯合戰線❶。

共產國際第四次代表大會（一九二二年十一月五日～十二月五日）通過的「東方問題總提綱」著重指出，殖民地和半殖民地國家的工人運動，首先應在反帝戰線中爭取成爲一個獨立的革命因素。只有承認工人運動的這種獨立作用，並且保持它在政治上的完全自主，才有可能而且有必要同資產階級民主派達成暫時的妥協❷。根據這個總提綱，共產國際四大在對外沒有發表的文件「關於東方問題總提綱的補充」中，對於中共的任務有具體決議。當時，越飛還沒有放棄實現孫吳合作的努力。根據這個密件，共產國際認爲，張作霖是日本帝國主義的附庸，而孫中山又與張作霖暗中勾結。對孫中山在反對吳佩孚的鬥爭上所給予的任何支援，都是間接地幫助反動的張作霖和日本帝國主義，但是，另一方面，吳佩孚又與美國帝國主義合作，助吳也就是支持在中國的美國帝國主義。中國共產黨的任務是在民主的基礎上實現中國統一的先鋒。在各種勢力的內鬥之中，中共黨人祇能支持那些跟反動勢力畫清界限，全力發展工人運動的組織或人物。在缺乏這種先決條件的情形下，中共黨人必須堅決反對軍閥勢力的任何陰謀活動。中國的統一要由中共黨

❶文件32：維廷斯基給中共中央的信（莫斯科，一九二三年八月）。
❷「東方問題總提綱」，見：《共產國際第四次代表大會記錄（一九二二年十一月五日～十二月五日於彼得格勒）》，莫斯科、漢堡，一九二三（德文版），頁一〇四一。

人發生先鋒的作用，聯合各種民主勢力，透過廣大人民的革命勝利來實現，而不是靠一個軍閥打倒另一個軍閥的軍事勝利❸。

一九二三年一月二十五日，也就是「孫越聯合宣言」發表的前一天，維廷斯基自赤塔寫給共產國際東方部一封長信，強調當地俄共幹部對中國革命的看法，應予重視，因爲他們負責落實政策。他們一致認爲，張作霖是日本帝國主義的附庸，是蘇俄的頭號敵人。孫中山與張作霖的關係，不祇是道義上的結合，已經具有組織上的具體內容。因此，他們反對越飛全力支持孫中山的策略❹。

一九二三年初，中共領導的工人運動進入高潮，但在京漢鐵路大罷工失敗和二七慘案發生以後，工人運動轉入低潮。維廷斯基時在海參威，在他於二月二十二日寫給共產國際祕書處的工作報告中，依然強調，中國的工人運動「毫無疑問地將成爲中國民族解放運動的主要因素。」維廷斯基引述北京大學文學院院長胡適下面的一段話來支持他的觀點：「我們的希望現在寄託在工人團體的力量上。在中國……工會的影響現在已經遠遠超過民族資產階級。」維廷斯基接著指出，

---

❸ 文件49：共產國際第四次代表大會「關於中國共產黨的任務」的決議（關於東方問題總提綱的補充）（莫斯科，不晚於一九二二年十二月五日）。

❹ 文件59：維廷斯基給共產國際東方部的信（赤塔，一九二三年一月二十五日）。

國民黨及其領袖孫中山對於二七慘案迄今沒有任何表態❺。

三月八日，在寫給共產國際東方部主任沙法洛夫的信中，維廷斯基的觀點不變，依然強調——根據三月初來自中國的新聞報導——，在中國中部及北部即將發生新的、更大的罷工行動。中國中部及北部在目前已經成為工人運動的主要基地。因而反對中共中央遷至廣州。至於國民黨，直到今天它還不是一個民族的政黨，也沒有利用二七慘案進行政治宣傳，動員工人及知識分子反對北方軍閥。維廷斯基說：「我們的黨應該無條件地支持與孫中山的聯盟嗎？我的答覆是：非也。」「中國需要一個民族革命政黨，國民黨祇是一個軍事團體❻。

三月底，維廷斯基又給沙法洛夫發出一個報告，不再突出工人運動的意義，根據馬林的轉述說，中共領導在京漢鐵路大罷工失敗以後，驚惶失措，對未來的工作表示悲觀❼。三月二日，孫中山返粵，成立大本營，就任大元帥職，情勢好轉。但維廷斯基依然反孫，他在報告中指出，

❺文件63：維廷斯基給共產國際祕書處關於共產國際執行委員會東方部遠東局的工作報告（海參威，一九二三年二月二十二日），極密。
❻文件65：維廷斯基給共產國際執行委員會東方部沙法洛夫的信（海參威，一九二三年三月八日），極密。
❼文件68：維廷斯基給共產國際執行委員會東方部的報告（海參威，一九二三年三月二十四日），極密。

孫中山在南方的處境，由於諸多偶發事件更見惡化。他決心北伐，但迄今一無成就❽。因此，維廷斯基主張，在中共三大結束之前馬林暫留中國；共產國際應給馬林指示，不能無條件地支持國民黨，對孫中山提出「合作」條件：㈠、不能以與其他督軍採取軍事行動爲主，應集中全力建立民族政黨。㈡、支持工人與學生運動。㈢、與張作霖和段祺瑞畫清界限❾。

越飛在中國執行的政策，馬林從旁支持。在莫斯科，維廷斯基則有沙法洛夫同聲相應。在東方部給共產國際主席團的工作報告中，沙法洛夫說，去年十月開灤煤礦工人罷工和今年二月京漢鐵路大罷工，在在顯示中國無產階級的組織能力和階級覺悟，空前高漲。但中國資產階級的民族意識仍然未能克服省域情結。「國民黨還不是一個民族資產階級的領導政黨」。孫中山不擁有自己的武裝力量，因此他就必須與張作霖和段祺瑞攜手合作。孫段張三角聯盟對於中國的統一是否有利，值得懷疑。就算此一聯盟獲得勝利，但最後攫取統治權力的不是孫中山，而是北方軍閥——張作霖和段祺瑞，也就是日本。根據上述分析，共產國際東方部第一次提出一個原則性的大問題：中共繼續留在國民黨內是否適宜？報告接著說，將來必須採取由中共領導的、獨立自主的工

❽同上。

❾文件70：維廷斯基給沙法洛夫的電報（海參威，一九二三年三月二十七日）。

人運動的路線。同時撤銷對馬林的委任⑩。

沙法洛夫鍥而不捨，同一天，四月四日，又發了一封長信給俄共中央政治局，徹底反孫，反對西北計畫，反對馬林美化國民黨。

沙法洛夫說，孫中山在廣州的地位不穩。沈鴻英部隊移防西江，醞釀攻粵；陳炯明率軍駐防東江，意在廣州。孫中山的出路是，實現他的「西北計畫」，進行北伐。但問題是，孫中山無論在南方還是北方都沒有自己的武裝力量。換句話說，孫中山不具有用軍事手段實現統一中國的能力。馬林用天方夜譚式的報告美化國民黨；他居然說，張作霖並非親日，因爲這是德國領事告訴他的！沙法洛夫最後提出三點結論：㈠、蘇俄支持孫段張三角聯盟會有血腥的後果。㈡、在中國的口號是：反對軍閥統治，爲了實現中國的統一聯合各界社會力量。㈢、在與學生和國民黨合作的民族革命統一戰線的形式下，支持自主的工人運動⑪。

越飛主張全力支持孫中山和國民黨，維廷斯基和東方部力主發展工人運動。中國共產黨第三次全國代表大會（一九二三年六月十二日～二十日）召開在即，共產國際執行委員會必須作一抉

⑩文件71：東方部給共產國際執行委員會主席團關於一九二三年第一季度的工作報告（莫斯科，一九二三年四月四日），極密。
⑪文件72：沙法洛夫給俄共中央政治局的信（莫斯科，一九二三年四月四日），極密。

擇，對中共給予具體指示。

五月二十三日，共產國際執行委員會東方部主任拉狄克和副主任維廷斯基受命起草共產國際給中共三大的指示。由維廷斯基執筆的「草案」共有九點。其中第一、二點，布哈林在他的「修正案」中未予採納。這兩點是：㈠、中共的主要任務是結合各種勢力，對工人群眾進行組織與宣傳工作，重整工會組織，藉以擴大革命運動的基礎和建立共產主義的群眾政黨。㈡、五個月來的罷工行動，在在證明工人運動是反帝民族革命運動的重要因素⑫。其他七點完全採納，也就是正式文件「共產國際執行委員會給中國共產黨第三次代表大會的指示」（一九二三年五月）⑬。這個「五月指示」，陳獨秀在七月十八日，三大之後才收到⑭。

第二天，布哈林提出「修正案」，共有八點。布哈林除了刪除上述「草案」中第一、二點之外，又加入了新的內容；布哈林「修正案」的第一、二、三、四和第八點（順序和內容與正式指示完全相同）首先指出：「全部政策的中心問題是農民問題。」「共產黨必須不斷地推動國民黨

---

⑫ 文件74：共產國際執行委員會東方部給共產國際執行委員會東方部出席中共三大代表的指示草案（莫斯科，一九二三年五月二十三日）。

⑬ 「共產國際執行委員會給中國共產黨第三次代表大會的指示」（一九二三年五月），見《中共中央文件選集》第一冊（一九二一～一九二五），中央檔案館編，北京，一九八九，頁五八六～五八八。

⑭ 文件79：韋爾德給維廷斯基的信（上海，一九二三年七月二十六日）。

支持土地革命。」第五點說：「不言而喻，領導權應當歸於工人階級的政黨……加強共產黨，使其成爲群衆性的無產階級政黨，在工會中聚集工人階級的力量，這就是共產黨人的首要任務。」⑮。

在蘇俄在中國推行民族革命的過程中，共產國際四大代表討論中國問題時，左傾言論，首占上風。這個「五月指示」又是教條主義和左傾路線的具體表現；也與共產國際給中共的「一月指示」（一九二三年）精神有違，內容矛盾。

⑮ 文件76：布哈林對於共產國際執行委員會東方部給中共三大指示草案的修正（莫斯科，不晚於一九二三年五月二十四日）。

# 第八章　蔣介石訪問蘇俄

一九二三年一月下旬，孫中山在上海與越飛晤談時，提出兩點要求：一是蘇俄給予二百萬金盧布的經援，一是利用俄援實現「西北計畫」。俄共與共產國際決定聯孫，就必須對孫中山的這兩點要求作出決定。

三月八日，俄共中央政治局召開會議，作出決議七點，其中有關五點是，政治局：㈠、「拒絕（西北）計畫中可以引起日本干涉危險的所有部分。」㈡、「認爲值得考慮在中國西部裝備一個完整的軍事單位，用爲建立革命軍隊的基礎。」㈢、「認爲可以提供孫中山二百萬墨西哥銀元的經援。」㈣、「認爲在孫中山的同意之下，派遣一組政治及軍事顧問是必要的。」㈤、「向越

飛指出，政治局對於孫中山全力集中於純軍事行動，從而忽略組織與訓練工作，極表關心。」❶

五月一日，越飛自日本熱海致電孫中山，轉達「蘇俄政府」對於孫越在上海面議的一些具體問題的答覆：蘇俄政府重視思想政治準備工作，同意提供二百萬金盧布的經援，「作爲籌備統一中國和爭取民族獨立的工作之用」，分期付款。蘇俄「還準備協助您利用中國北方的或中國西部的省份組建一個大的軍事單位……如您同意，則可利用我國援助的軍事物資和教練員建立一個包括各兵種的內部軍校（而非野戰部隊）……」越飛請對蘇俄的援助嚴守祕密❷。

五月十二日，孫中山復電越飛說：「貴國五月一日回電使我們感到大有希望。第一、我們當感謝貴國的慷慨允諾；第二、我們同意貴國的一切建議；第三、我們將用大部分精力去實施這些建議並派代表赴莫斯科詳細磋商。」❸五月二十三日，孫中山又電越飛，請即支付已承諾的援款中的第一次付款。「關於在西北邊界組織軍事力量的事，代表們很快將赴莫斯科詳細磋商。」❹。

❶文件64：俄共（布）中央政治局會議記錄第五十三號（莫斯科，一九二三年三月八日）。

❷《馬林與第一次國共合作》，李玉貞主編，中國社會科學院近代史研究所，北京，一九八九，頁一七〇～一七一。

❸同上，頁一七四。

❹同上，頁一七八，參見頁一九八。

蘇俄接受孫中山二百萬元的經援要求，但對於孫的「西北計畫」，採取拒絕的態度，祇同意在中國的「西部」（不是「西北邊界」）裝備一個完整的軍事單位，用爲建立革命武裝的基礎。孫中山是不到黃河不死心，派人赴俄，「詳細磋商」。八月五日，蔣介石「稟承總理意旨」，籌組孫逸仙博士代表團，赴俄「報聘」，並考察政治及黨務。十六日，率沈定一、張太雷、王登雲等，由上海啓程赴俄❺。

蔣介石訪問蘇俄是一件大事。對於研究「國父思想」、「蔣公言行」和蘇俄與國民黨的關係，都具有重大意義。然而可以徵引的史料，卻寥寥無幾。有些論述照抄毛思誠編纂的《民國十五年以前之蔣介石先生》，大作文章。但是，在毛著中，該說的沒說，說出來的又難以全部採信，有待商榷。俄共中央對於「孫逸仙博士代表團」的來訪，極爲重視。對於蔣介石的行踪、晤談，外交事務人民委員會新聞處秘書兼遠東部翻譯巴拉諾夫斯基都有報告和記錄。俄共祕檔提供了很多聞所未聞的資料。

一九二三年九月七日，蔣介石率團會晤俄共中央黨部祕書羅素達克，並表示，希望雙方能夠

---

❺《民國十五年以前之蔣介石先生》卷一，毛思誠編纂，秦孝儀重校，臺北，民國六十年。頁二七四～二七五。關於蔣介石訪俄的全部活動日程，參見：文件99：巴拉諾夫斯基關於國民黨在蘇俄的活動日程報告（莫斯科，一九二三年十二月五日）。

增進認識，並請對中國南方的革命給予指導。後者指出，在精神上，國民黨與俄共極爲接近。兩國勞農群衆也應建立密切關係。代表團的來訪是向此方向邁出的第一步。蔣介石答覆說，國民黨一直把蘇俄共產黨視爲「親生姊妹」，並願瞭解俄國革命歷史，以爲借鑑。在介紹蘇俄新經濟政策、少數民族政策、爲發展工業所採取的各種措施和紅軍組織之後，羅素達克表示，爲雙方利益起見，國民黨最好能派一代表常駐莫斯科❻。

九月九日，蔣介石率全體團員（沈定一、王登雲、張太雷）會晤蘇俄政府革命軍事委員會副主席司克楊斯基和蘇俄陸軍總司令加米諾夫❼，提出三項要求：㈠、軍事委員會儘可能派遣大批顧問前往中國南方，以紅軍爲楷模訓練中國軍隊。㈡、代表團希望能有認識紅軍的機會。㈢、並能共同討論如何在華進行軍事計畫，蔣介石強調他有孫中山的全權授命。司克楊斯基答覆說，在南方已有俄人工作。派遣大批顧問，基於客觀情勢，難以實現。在俄設立以留俄華人爲主的專門軍校，較爲適宜。關於這一點，雙方達成協議，在俄國境內設立兩個軍事學校，一個以營級幹部以上爲主，以三十人爲限並以通曉俄語爲入學條件。另一個是中級軍校，以百人爲限，地點設在

---

❻文件82：巴拉諾夫斯基關於孫逸仙博士代表團訪問羅素達克同志的紀要（莫斯科，一九二三年九月七日）。
❼文件83：巴拉諾夫斯基關於國民黨代表團訪問司克楊斯基及加米諾夫的報告（莫斯科，一九二三年九月十日）。

海參威或伊爾庫茨克。至於認識紅軍，完全接受，並予安排。

第三項是雙方晤談的重點。司克楊斯基和加米諾夫從兩小時的交談中，對廣東獲得了一手資料：孫中山沒有軍火工業，廣東只有一所兵工廠，但缺少火藥及爆藥；距離香港的英國要塞只有四十里，控制廣東的後方。北伐時，英國人可能隨時製造難題，陳炯明即其一例。如果北伐軍隊打到長江流域，列強又有砲艦威脅，也不會坐視吳佩孚垮台。因此，國民黨在代表團出發之前，決定在中國西北建立基地，進行軍事鬥爭，並於此時派蔣來俄，與軍事委員會領導磋商。

根據蔣介石的談話，孫中山有六萬軍隊，控制廣東一省，但其影響及於廣西、雲南、貴州、湖南、江西及四川省。孫中山擬在中蒙邊境建立以紅軍爲楷模的新軍，以蒙古、東北和中國邊境的中國人爲主，並徵召東北西部的部分華人。從蒙古南部，由所謂「土匪」（「會談紀要」註釋說，就是製造臨城事件的土匪）對吳佩孚和曹錕進行游擊作戰：爆炸火車、橋樑、車輛。在吳佩孚的軍隊及工農群衆之中，業已展開宣傳工作。司克楊斯基認爲問題複雜，建議代表團提出書面計畫。

從這次磋商以後，蔣介石沒有再與俄共或蘇俄政府領導人物晤談；參觀、視察、旅遊是其主要活動。直到十一月十日，蔣介石在莫斯科被「親生姊妹」的俄共「冷藏」長達兩個月之久。

九月十六日，蔣介石率團員三人訪問紅軍第一四四步兵團❽。俄方事前協議，不安排任何官方節目，並以「中國工人代表團」的名義進行訪問，對外保密。蔣介石要求穿軍裝亮相，俄方拒絕。

「中國工人代表團」由政委及指揮官接待，視察軍隊訓練、日常生活，參觀醫療所、俱樂部、圖書館、廚房，代表團員還吃了士兵的伙食，得知每週菜單。蔣介石對於軍事組織、行政管理、技術訓練表示興趣。參觀後，應蔣之要求，召開了一個有四百多士兵參加的集會。蔣介石發表演講——王登雲由中譯英，「地陪」——即俄方軍事學院行政總處祕書魯格夫斯基再由英譯俄，大意是：「所有遠東被壓迫的人民都知道，紅軍是全世界最強大的軍隊。我三生有幸，親眼目睹。你們的權勢的祕密就是與人民結合在一起。你們雖然戰勝了俄國的帝國主義及資本主義，但在全世界它們還未被消滅。在與其他民族的合作之下，你們一定會完成任務。我們是中國的革命者、軍人、鬥士，和你們一樣，要為打倒帝國主義和資本主義而死，我們向你們伸出友誼之手，共同合作！」

「地陪」魯格夫斯基在報告中說，蔣的演講多次為熱烈掌聲及「國際歌」聲所中斷。蔣之表

---

❽ 文件85：關於國民黨代表團訪問第一四四步兵團的報告（莫斯科，一九二三年九月十七日），極密。

情甚爲激動，演講結束時，他聲嘶力竭，雙手發抖。告別時，蔣給政委一張名片，並用中文寫下了他動人的觀感。蔣介石過於表現自己，但他所提出的問題，證明他是一個軍人。另一團員沈默寡言，注意一切，不停地寫筆記；他提出的問題有內容，也要求具體答覆。至於那位翻譯，注意皮毛，爲人浮淺。

在有關代表團成員的內部資料中，認爲蔣介石屬於國民黨左派，是孫中山的親信，也是中國受過良好教育的人物之一；對紅軍的政治工作及技術訓練，極感興趣。沈定一曾是共產黨員（一九二一～一九二二）。因不滿中共的農民政策而退黨，屬國民黨左派。王登雲是記者，在美國受教育，通曉英語。在代表團中他是敬陪末座，因爲蔣、沈二人不懂西方語言，權充翻譯❾。

十一月一日，齊契林寫信給共產國際執行委員會主席西諾耶夫的信說，根據蘇俄駐華全權特使加拉罕的報告，國民黨目前正處在一種解體的狀態，孫中山所依靠的，祇是一些可以收買的人物與團體。因此，加拉罕建議，國民黨必須改組，這是蘇俄在中國推行民族革命運動的核心問題；同時，莫斯科要善待「孫逸仙博士代表團」。齊契林說，事實正好相反，蔣介石精神緊張，

---

❾文件84：杜赫夫斯基（外交事務人民委員會遠東部主任）關於國民黨代表團的手記（莫斯科，不晚於一九二三年九月十日），密。

惶惑不安⑩。要求送入療養院休息兩週⑪。

加拉罕在寫給鮑羅廷的一封信中說，關於孫中山「異想天開的計畫」，沒有他的表態，莫斯科是不會作出任何決定的⑫。其實一言九鼎的強人，不是遠在北京的加拉罕，而是莫斯科的托洛斯基。俄共與蘇俄政府在莫斯科「冷藏」蔣介石長達兩個月之久，並非有意慢待貴賓；對孫中山的「西北計畫」遲不答覆，受了兩個因素的影響。一是來自中國有關孫中山及廣東的不利消息，使莫斯科對國民黨的信心大減，猶豫不決。一是當時德國的政情惡化，俄共全力支持「德國革命」；如果成功，世界革命的戰略情勢必將根本改變，對在東方推行民族解放運動亦會有直接影響。但是「德國革命」短命，十月底大勢已去。

十一月二日，托洛斯基寫信給齊契林（副本抄送史大林）說：「我認爲我們必須對孫中山及其代表堅決地，而且毫不保留地把我們的想法告訴他們，即任何軍事計畫以及由於這些軍事計畫向我們提出的純軍事性質的要求，一定要等到歐洲的局勢澄清以後，同時在中國完成某種政治準

---

⑩ 文件90：齊契林給西諾耶夫的信（莫斯科，一九二三年十一月一日），副本抄送史大林、托洛斯基和加米諾夫同志。

⑪ 文件92：巴拉諾夫斯基關於國民黨代表團訪問司克揚斯基和加米諾夫的報告（莫斯科，一九二三年十一月十三日）。

⑫ 文件86：加拉罕給鮑羅廷的信（北京，一九二三年十月六日）。

備工作之後才能討論。」托洛斯基同意齊契林的構想，即在莫斯科成立一個處理中國問題的委員會，「這個委員會保證我們在中國的工作要有重大的轉變，要把99%的注意力從軍事領袖的結合轉移到現有的軍隊中進行政治組織工作方面。」[13]

十一月十一日，是個星期天，下午三時，蘇俄政府革命軍事委員會副主席司克楊斯基和陸軍總司令加米諾夫約見「孫逸仙博士代表團」晤談，中方除蔣介石、王登雲和張太雷外，還有「來自倫敦的孫中山的非正式代表」邵元冲參加。這是一次重要的會談[14]，俄方正式拒絕了孫中山的「西北計畫」。

對於代表團提出的「軍事計畫」[15]，司克楊斯基表示俄方討論的結果是：孫中山及國民黨應該集中全力推展政治宣傳工作。在目前的條件下，任何軍事行動都將遭遇失敗。在政治宣傳工作完成，而且在可以推動軍事行動的內部條件成熟之後，才能談軍事計畫。十月革命的成功，不是軍事的，而是長年鍥而不捨的政治工作所致。十月革命內戰時，共黨的主要任務，不是攻城佔

---

[13] 文件91：托洛斯基給齊契林和史大林的信（莫斯科，一九二三年十一月二日），極密。

[14] 文件92：巴拉諾夫斯基關於國民黨代表團訪問司克楊斯基和加米諾夫的報告（莫斯科，一九二三年十一月十三日）。

[15] 在俄共祕檔中，未能查到這份「軍事計畫」。

地而是從事敵後的群衆工作；在佔領城市時，有武裝勢力從內部接應，人民參軍。蔣介石指出，帝國主義勢力是國民黨在進行政治宣傳工作方面的最大阻力。宣傳工作主要是在大城市中進行，那裏的阻力也最大；警察馬上採取行動：逮捕、鎮壓。蔣介石認爲中俄歷史背景不同，不能以偏概全；在俄國祇有一個敵人——沙皇政權，在中國到處都是帝國主義者，從事政治宣傳工作非常艱鉅，因此，必須首先進行軍事行動。司克楊斯基重複俄共的革命經驗，強調對群衆進行政治工作的意義，並再度指出中方代表團提出的軍事計畫是一種軍事冒險，斷無成就。最後俄方同意，廣東政府選派三至七人來俄進入參謀學院學習以及三十至四十名幹部在軍事學校接受教育。條件是黨性堅強，且有軍事經驗。蔣介石要求根據孫中山代表與加拉罕在北京的交涉，在廣東設一軍校[16]。

第二天，十一月十二日，蔣介石寫信給馬林說，昨天與司克楊斯基晤談，後者強調中國本身要開展政治工作，並建議派三～七名有高級軍事職務的同志進參謀學院學習，在陸軍學校爲三十至五十名忠誠的同志開辦一個訓練班。蔣介石說：「這是我們赴蘇的成果之一。」[17]

[16] 同註[14]，文件92。
[17]《馬林與第一次國共合作》，前出[2]，頁三〇八。

這是「孫逸仙博士代表團」訪問蘇俄的「唯一的」成果，蔣介石沒有完成他的主要任務：與俄共領導人磋商如何獲得俄援實現孫中山的「西北計畫」。

# 第九章　共產國際與新三民主義

俄共拒絕用俄援實現孫中山的「西北計畫」，但「聯孫」的策略不變。革命的對外機構——共產國際就必須接手處理蘇俄與國民黨的關係。換句話說，蘇俄要在什麼樣的意識形態的前提下，支持國民黨，在中國進行民族革命運動。

一九二三年十一月二十三日，共產國際執行委員會主席西諾耶夫寄給齊契林和布哈林一份由維廷斯基執筆的「共產國際執行委員會主席團關於中國民族解放運動及國民黨的決議草案」，函請表示意見❶。十一月二十六日，共產國際執行委員會召開會議，討論「國民黨對共產國際的

❶ 文件93：西諾耶夫寄給齊契林及布哈林的「共產國際執行委員會主席團關於中國民族解放運動及國民黨的決議草案」及其書面意見（莫斯科，一九二三年十一月二十三日），急件。

關係」，並決議組成一個「決議編寫委員會」；俄方委員是：布哈林、哥拉羅夫（共產國際執行委員會主任祕書）、庫西寧（共產國際執行委員會祕書、主席團委員）、阿姆特（美國共產黨駐共產國際代表）及維廷斯基。中方由「孫逸仙博士代表團」五人全體參與❷。

在十一月二十六日的正式會議召開之前，於十月中旬，中方代表團就提出了一份「國民黨代表團關於中國的民族解放運動及國民黨內部情況的書面報告」❸；內容有七點：㈠、民國成立後的中國，㈡、經濟結構，㈢、政治情況，㈣、革命性質，㈤、國民黨的政綱，㈥、改組計畫，㈦、國民黨與俄共合作的必要。其中第五、七兩點，應予引述。國民黨的政綱是以三民主義為基礎。民族主義要求各民族一律平等，反帝並爭取國家獨立。民主主義主張天賦人權，人民擁有言論、結社等自由，政府必須是民有、民治、民享。國家社會主義的內容是，所有大企業及土地歸政府所有，由政府管理，以避免資本主義的弊端。目前在中國尚不能輸入共產主義，因此，國家社會主義是適宜的經濟制度，也是走向共產主義的第一步。國民黨的革命目標是，反軍閥、反帝，以期實現民族革命。但任務艱鉅，難以獨力完成，與蘇俄共同合作至為必要，這也是孫中山

❷文件95：共產國際執行委員會會議記錄（莫斯科，一九二三年十一月二十六日）。
❸文件87：國民黨代表團關於中國的民族解放運動及國民黨內部情況的書面報告（莫斯科，不晚於一九二三年十月十八日）。

近幾年來努力的方向。雙方合作不僅對中國的民族革命有利，也對將來的世界革命會有極大的貢獻❹。

根據這個書面報告，蔣介石於十一月二十六日，在「共產國際執行委員會與國民黨代表團的聯席會議」上，又提出口頭報告❺，由王登雲翻譯。

蔣介石首先指出，由孫中山派遣來俄的代表團，要在「世界革命的中心」莫斯科，與共產國際同志討論出國民黨負責推動的民族革命，因爲它是「世界革命事業中的一部分」。共產國際代表全世界無產階級的利益，其任務是支持革命運動，特別是被帝國主義和資本主義壓迫的國家，中國就是其中之一。因此，共產國際應該重視中國的革命，對革命的國民黨給予誠摯的建議。關於中國的政治、經濟情況以及三民主義的意義都在書面報告中提及，不再重複，但要強調的是：民生主義是「國家社會主義，是走向共產主義的第一步。」中國的革命要分兩個階段進行。第一階段的口號應是「中國獨立」，實行民族主義及民主主義。蔣介石相信，在三至五年之內，可以完成中國革命的第一階段。第二階段再在共產主義的基礎上，從事宣傳，進行一些相關措施，進

❹同上。

❺文件96：共產國際執行委員會在有國民黨代表團參加的會議的速記報告（莫斯科，一九二三年十一月二十六日）。

而實現共產主義。目前，在中國不能推行無產階級革命的理由有二：㈠、中國人民大多數是文盲，不能在共產主義的基礎上公開地進行宣傳。㈡、中國人民大多數是小地主、小資產階級，喊出共產主義的口號會引起猜疑乃至反彈；會把他們逼到軍閥和帝國主義者那一邊兒去。至於國民黨與世界革命的關係，蔣介石說，俄國必須是世界革命的中心。但俄國的問題是，它與西方的邊界。如果德國的革命不能成功，則此一邊界即不安全。在東方，俄國與中國接壤；中國處在資本主義和帝國主義的影響之下，中國革命如不成功，則帝國主義和資本主義的在華勢力必佔上風，也將從東方（西比利亞）進攻俄國。因此，國民黨建議——當然是在德國和中國的革命成功以後——，成立一個俄德華三國同盟，以期共同協力對世界上資本主義進行最後的鬥爭。利用德國人的學術知識，中國人的革命成果，還有俄國人的革命精神，「我們可以輕而易舉地消滅世界上的資本主義，完成世界革命。」❻

在中方代表團的書面報告和蔣介石的口頭報告中，對於中國共產黨隻字未提。蔣介石報告之後，曾有熱烈討論，但亦未涉及國共關係。討論結束時，主席西諾耶夫說，共產國際支持中國革命，因而要求中共在國民黨內共同工作。然而目前的現象是，雙方互相猜疑，摩擦不斷；國民黨

❻同上。（參閱：《民國十五年以前之蔣介石先生‧公致答謝詞》，前出，卷一，頁二九三。）

要全力支持工人運動，以期減少衝突。西諾耶夫對於國民黨在京漢鐵路罷工時未予支持，深表不滿。至於三民主義，西諾耶夫認爲，作爲革命初期的政治口號有其作用，但必須給予精確的定義、具體的內容。民族主義的內容是中國獨立，但必須同時指出，外國帝國主義的統治不能由中國的資產階級的統治所取代。民族主義也不是爭取中國某些具有統治地位的部分人民的獨立，來壓迫中國境內的其他少數民族。民權主義在中國是一個進步的口號，但祇有在廣大群衆獲得保障他們的權利的情形下，才是進步的。國家社會主義基本上不予反對，它祇能表示這是一種努力的方向，可以走上眞正的社會主義的道路，但必須指出：它不是社會主義⑦。

會議期中，十一月二十七日，托洛斯基接見「孫逸仙博士代表團」，中方五人全體出席。在長達一小時的會晤，托洛斯基以老大哥的姿態一個人發表高見⑧。他說，因爲健康不佳，未能早日接見中國朋友。代表團請托洛斯基對國民黨在中國的工作給予建議。托洛斯基說，祇要孫中山全力集中軍事行動，在工農群衆和手工業者的眼中，孫中山就一如北方軍閥；張作霖是日本人的走狗，吳佩孚是英美的附庸，而孫中山則是蘇俄的盟友。在這種情形下，民族革命難以推行。

⑦同上。

⑧文件97：巴拉諾夫斯基關於國民黨代表團訪問托洛斯基的報告（莫斯科，一九二三年十一月二十七日）。

因此，國民黨必須在廣大群衆中進行政治、宣傳工作。一份有影響的報紙要比一個沒有戰鬥力的師團有用。蘇俄並不拒絕給予軍援，目前從軍事戰略的勢力分佈來看，無法給孫中山的軍隊任何軍援，但可以在蘇俄軍校訓練中國軍人。注意政治工作，軍事行動必須減至最低，絕對不能超過政治工作的百分之十。總之，孫中山要放棄軍事冒險，在完成對群衆的政治工作之後，才能從事軍事活動，但決不能如孫中山的「西北計畫」所說，從外蒙進行北伐。蔣介石同意托洛斯基的觀點，國民黨會努力實現他的建議。最後蔣介石表示，希望「在不久的將來，解放後的中國能成爲社會主義蘇維埃共和國的蘇俄和德國的一員。」❾

在「巴拉諾夫斯基關於國民黨代表團訪問托洛斯基的報告」中，沒有提到外蒙問題，十二月十六日（蔣於前一天返抵上海），瞿秋白在與鮑羅廷的談話中，提及蔣介石的訪俄印象時說，托洛斯基主張外蒙自主。晤談後，蔣介石非常憤怒，認爲托洛斯基欺騙中國人。如果外蒙想要自主，也要由中國承認、給予；外蒙不能自做主張。代表團中的兩派（蔣、王與沈、張）因而爭吵不休❿。

---

❾ 同上。
❿ 文件102：鮑羅廷與瞿秋白的談話紀要（上海，一九二三年十二月十六日）。

一九二三年十一月二十八日，聯席會議通過了「共產國際執行委員會主席團關於中國民族解放運動和國民黨問題的決議」⓫這個「十一月決議」是蘇俄與國共兩黨關係和蘇俄在中國推行民族革命運動的「經典文獻」。共產國際從俄共的意識形態和策略觀點來詮釋三民主義，用為今後支持包括有中共參加的統一戰線的基本綱領和改組國民黨成為「工農政黨」的理論依據。

如上所述，這個決議由維廷斯基起草，再由有「孫逸仙博士代表團」參加的「決議編寫委員會」討論定稿。但從通過的決議來看，中方代表團從開始就被俄共牽著鼻子走。《民國十五年以前之蔣介石先生》說，蔣介石「審閱」決議文，怫然曰：「吁！觀其論調，不認識本黨如此，應愧自居為世界革命之中心。」⓬如果我們仔細「審閱」一下這個「十一月決議」，就不得不說，共產國際「不愧為世界革命之中心」；如果我們把這個決議再與「中國國民黨第一次全國代表大會宣言」中的「國民黨主義」部分比較一下，又不得不承認，國民黨的一大宣言是鮑羅庭的政治

---

⓫文件98：共產國際執行委員會主席團關於中國民族解放運動和國民黨問題的決議（莫斯科，一九二三年十一月二十八日）。中譯見《中共中央文件選集》第一冊（一九二一～一九二五），中央檔案館編，北京，一九八九，頁五八九～五九二。

⓬《民國十五年以前之蔣介石先生》，前出，卷一，頁二九四。

傑作（鮑羅庭關於一大宣言的討論經過，見第十章）：

## 共產國際執行委員會主席團關於中國民族解放運動和國民黨問題的決議（一九二三年十一月二十八日）⑬

三、民族主義，就是國民黨依靠國內廣大的農民、工人、知識分子和工商業者各階層，爲反對世界帝國主義及其走卒、爲爭取中國獨立而鬥爭。對於上述每一個階層來說，民族主義的含意應當是，既要消滅外國帝國主義的壓迫，也要消滅本國軍閥制度的壓迫。如果對於工商業資產階級來說，民族主義意味著更好地發展本國的生產，那麼，對於國內各勞動階層來說，民族主義就不能不意味著消滅封建專制的壓迫，就不能不意味著，不僅要消滅外國資本的殘酷剝削，而且也要消滅本國資本的殘酷剝削。

對於中國廣大人民群衆來說，在民族主義口號下進行鬥爭的全部含義是，既要擺脫帝國主義的壓迫，也要避免遭受本國資產階級壓迫。

國民黨應當在實際上表明，在那些由於進行民族鬥爭而使帝國主義有所削弱的地方，群衆

⑬《中共中央文件選集》，前出，卷一，頁五八九～五九二。

能夠立即順利地發展和鞏固自己的組織，以便進一步進行鬥爭。國民黨只有通過增強、支持和組織國內各個勞動人民階層來放手發動全國的力量，才可以向群衆表明，這個民族主義體現的是健全的反帝運動的概念。只要國民黨能深入地聯繫中國群衆，就能保證取得國家的眞正民族獨立。

這個主義的另一方面應當是，中國民族運動同受中國帝國主義壓迫的各民族的革命運動進行合作。國民黨在宣布中國境內各民族一律平等的原則時應當記住，由於中國官方的多年壓迫，這些民族甚至對國民黨的宣言也持懷疑態度。因此，國民黨不要立即同這些民族建立某種組織上的合作形式，而應當暫時只限於進行宣傳鼓動工作，隨著中國國內革命運動的順利發展，再建立組織上的聯繫。國民黨應公開提出中國境內各民族自決的原則，在反對外國帝國主義、本國封建主義和軍閥制度的中國革命取得勝利以後，這個原則就會體現在由以前的中華帝國各民族組成一個自由的中華聯邦共和國上。

………………

四、國民黨的第二個主義——**民權主義**，不能用一般「天賦人權」的觀點來看待它，而必須把它看作是當前中國實行的一條革命原則。

……即只有那些堅持眞正的反帝鬥爭綱領的分子和組織才能廣泛享有一切權利和自由，而決不讓中國那些幫助外國帝國主義者或其走卒——（中國軍閥）的分子和組織享有這些自由。

……五、民生主義，如果解釋為把外國工廠、企業、銀行、鐵路和水路交通收歸國有，那它才會對群眾具有革命化的意義，才能在群眾中得到廣泛的反響。

……民生主義也不能解釋為由國家把土地收歸國有。必須向缺乏土地的廣大農民群眾說明，應當把土地直接交給耕種這塊土地的人，……

## 中國國民黨第一次全國代表大會宣言（一九二四年一月二十三日）⑭

㈠民族主義　國民黨人因不得不繼續努力，以求中國民族之解放。其所恃為後盾者，實為多數之民衆，若知識階級、若農夫、若工人、若商人是已。蓋民族主義對於任何階

⑭《中國國民黨第一次全國代表大會史料專輯》，中華民國史料研究中心編印，臺北，民國七十三年，頁一一七～一二一。

級，其意義皆不外免除帝國主義之侵略。其在實業界，苟無民族主義，則列強之經濟的壓迫，自國生產永無發展之可能。其在勞動界，苟無民族主義，則依附帝國主義而生存之軍閥及國內外之資本家，足以蝕其生命而有餘。故民族解放之鬥爭，對於多數之民衆，其目標皆不外反帝國主義而已。帝國主義受民族主義運動之打擊而有所削弱，則此多數之民衆，即能因而發展其組織，且從而鞏固之，以備繼續之鬥爭，此則國民黨能於事實上證明之者。吾人欲證實民族主義實爲健全之反帝國主義，則當努力於贊助國內各種平民階級之組織，以發揚國民之能力。蓋惟國民黨與民衆深切結合之後，中國民族之眞正自由與獨立始有可望也。

第二方面，辛亥以前，滿洲以一民族宰制於上，具如上述。辛亥以後，滿洲宰制政策既已摧毀無餘，則國內諸民族宜可得平等之結合，國民黨之民族主義所要求者即在於此。然不幸而中國之政府乃爲專制餘孽之軍閥所盤據，中國舊日之帝國主義死灰不免復燃，於是國內諸民族因以有杌隉不安之象，遂使少數民族懷疑國民黨之主張亦非誠意。故今後國民黨爲求民族主義之貫徹，當得國內諸民族之諒解，時時曉示其在中國國民革命運動中之共同利益。今國民黨在宣傳主義之時，正欲積集其勢力，自當隨國內革命勢力之伸張，而漸與諸民族爲有組織的聯絡，及講求種種具體的解決民族問題之方法矣。國民黨敢鄭重宣言，承認中國以內各民族之自決權，於反對帝國主義及軍閥之革命獲得勝利以後，當組織自由統一的（各民族自由聯合的）中華民國。

……

㈡民權主義　於此有當知者：國民黨之民權主義，與所謂「天賦人權」者殊科，而唯求所以適合於現在中國革命之需要。……詳言之，則凡眞正反對帝國主義之個人及團體，均得享有一切自由及權利；而凡賣國罔民以效忠於帝國主義及軍閥者，無論其爲團體或個人，皆不得享有此等自由及權利。

……

㈢民生主義　凡本國人及外國人之企業，或有獨占的性質，或規模過大爲私人之力所不能辦者，如銀行、鐵道、航路之屬，由國家經營管理之，使私有資本制度不能操縱國民之生計，此則節制資本之要旨也。

於此猶有當爲農民告者：中國以農立國，而全國各階級所受痛苦，以農民爲尤甚。國民黨之主張，則以爲農民之缺乏田地淪爲佃戶者，國家當給以土地，資其耕作……

共產國際在「十一月決議」中「滿意地指出」，從國民黨建黨起就奉爲該黨基礎的三民主義，通過在決議中的解釋，「表明國民黨是一個符合時代精神的民族政黨。」⑮國民黨一大宣言說：「國民黨之三民主義，其眞諦具如此。」⑯

在決議中，共產國際最後指出，國民黨「爲了加強全國的解放運動，將放手發動工人階級的力量，全力支持它的經濟組織及其階級的政治組織—中國共產黨。」「同時還應當理解，必須同工農國家蘇聯建立統一戰線。」⑰從內容來看，這個「十一月決議」是「聯俄、聯共、扶助工農三大政策」的歷史根源。

一九二三年十一月二十九日，蔣介石攜帶「十一月決議」，啓程返國。根據《民國十五年以前之蔣介石先生》十二月十四日「屬遊俄報告書稿」，十二月十五日九時抵滬埠，胡漢民、汪兆銘、廖仲愷、林業明、陳果夫等「勸公即回滬，處理一切黨務」。但蔣介石就在當日下午三時，「歸甬」去也⑱。

「遊俄報告書」，下落不明。至於莫斯科的決議，是否轉呈孫中山，也無從查起。歸甬後，

⑮見註⑪，中譯本，頁五八九。
⑯見註⑭，頁一二一。
⑰見註⑪，中譯本，頁五九一、五九二。
⑱《民國十五年以前之蔣介石先生》，前出，卷一，頁二九七。

「公半月來，息影慈菴，拂案焚香，繞塋撫樹。」孫中山在廣東像熱鍋上的螞蟻，等不得了，於十二月三十日電催蔣赴粤，覆使俄之命。電曰：「兄此行責任至重，望速來粤報告一切，並詳籌中俄合作辦法……」⑲。從這一天起，黨國要人，函電交催，「即速命駕」。但這位「總理的忠實信徒」還是相應不理。直到翌年一月十六日，才由滬回粤。

⑲ 同上，卷一，頁二九九。

# 第十章　鮑羅庭與國民黨改組

一九二三年五月，孫中山決意派人赴俄，「詳細磋商」如何取得俄援來實現他的「西北計畫」。八月五日，蔣介石「稟承總理意旨」籌備「孫逸仙博士代表團」訪問蘇俄。同時，八月二日，俄共中央政治局根據史大林的建議，決定派遣鮑羅庭為孫中山的「政治顧問」，其在華工作「應以中國民族解放運動的利益為主，決不能為在中國輸入共產主義的目標所驅使。」對外，鮑羅庭是蘇俄駐華使節團的一名成員。在實際工作上，要與駐北京的全權代表取得協調，信件亦由後者轉達莫斯科；向莫斯科發出定期工作報告，儘可能每月一次❶。

---

❶ 文件80：俄共（布）中央政治局會議記錄第二十一號（莫斯科，一九二三年八月二日）。

八月初，鮑羅庭與新任蘇俄駐華全權特使加拉罕離俄來華。後者於九月二日抵達北京，鮑羅庭則先去東北，與張作霖晤談，再去北京與上海。

九月二十九日，鮑羅庭由上海坐一小輪直開廣東。十月六日抵達，幾小時後就前往大本營——鮑羅庭說，那是一個戒備森嚴的小型克里姆林宮——訪晤孫中山。孫首先詢問蘇俄軍隊情形，鮑羅庭強調政治工作是俄國革命勝利的主要因素。孫中山說：「這樣的事，我們沒有；這樣的事，我們一定要有！」❷此時陳友仁進入，談關餘問題。孫中山激動地指出，列強對於廣東政府沒有國際法上的承認，也沒有事實上的承認，肆無忌憚，爲所欲爲。孫在廣東，受制於人，沒有反帝的任何可能。在南方又要應付各路軍閥，有時還要跑人；腹背受敵，力不從心。鮑羅庭說，孫中山對於以外蒙爲基地一事，甚爲重視。孫強調外蒙的優點是，他在北方的敵人不多，背後又是盟友蘇俄。但向外蒙進出，要看廣東有無成果。維持廣東就要擴建軍隊，因此急需俄援。俄援最好利用海參威——廣州的直接航線。孫中山急於要知道蔣介石在莫斯科交涉的結果❸。

---

❷參閱孫中山於一九二三年十一月二十五日在廣州大本營時對中國國民黨黨員之演講：「過去黨務失敗之原因與今後努力之途徑」，《國民黨週刊》第二期（民國十二年十二月二日），見《中華民國史事紀要》（初稿）——民國十二年（一九二三）七～十二月份，臺北，民國六十九年，頁七二四～七三〇。

❸文件101：鮑羅庭關於南方中國情勢的報告（上海，一九二三年十二月十日）。

鮑羅庭在他發給莫斯科的第一個關於南方中國情勢的報告中說，廣東人民對於孫中山政府持有拒絕的態度。在廣東有三十五萬工人，先是熱烈歡迎孫中山返粵，現在對孫則是相應不理。軍事上，內鬥不斷，打來打去也使小資產階級飽受災難。苦力被抓送前線，因此城內缺少運輸工具，也影響了商業活動。孫中山對陳炯明進行戰爭，銀根吃緊，無理地苛捐雜稅也落在小老百姓的身上。妓院、賭場到處都是，多少也是爲了稅收。農民有時進行武裝反抗。報紙上每天刊載的，多半是矛盾百出的勝利消息，掩飾眞相。孫中山好像從不看報，每天忙於視察前線或會談戰況，但奇怪的是，廣東沒有軍事上的指揮中心。鄧澤如說，廣東國民黨有三萬黨員，其中有六千人繳納黨費。但根據目前的改組登記，廣東只有三千黨員，而且黨與黨員之間沒有任何聯繫；沒有集會，沒有刊物，也沒有政綱和黨章。國民黨作爲一個組織力量，根本就不存在。偶爾孫中山發表一篇宣言、聲明，提到三民主義，涉及時勢，但無關痛癢，也與國民黨本身的發展無關。孫中山和國民黨內的優秀分子一樣，全力集中於軍事活動，老百姓祇知道今天拉這個軍閥打另外一個，明天又拉那個軍閥打這個，不知道在打什麼。國民黨必須改組，否則無法領導民族革命運動。孫中山認爲，黨沒有發揮作用是因爲他沒有足夠的「學生」、信徒，共同完成革命大業。鮑羅庭則建議放棄軍事活動、改組軍隊、成立軍校、訓練政工幹部、發行黨報、以及對工農和小資產階級進行政治宣傳工作。在廣東兩個月，鮑羅庭確信，從實現共產國際的路線和改組國民黨的角度來看，保有廣東和維持孫中山的地位是重要的。在中國，還沒有一個省份可以成爲推行民族革命運動的中心。因此，孫中山爲了控制廣東而進行的軍事鬥爭，也是蘇俄在華政策的一部分；孫中山向加拉罕提出的軍援要求，應該給予正面答覆❹。

一九二四年一月二十日～三十日，國民黨召開第一次全國代表大會，進行改組。大會開始時，孫中山說：「此次開會，所定本黨全國代表大會宣言，關係本黨改組前途者至爲重要。」❺「這個宣言，係此次大會之精神生命。」並「係本總理所提出者。」❻宣言表決後，孫中山說：「這是本黨成立以來破天荒的舉動。」❼「也是會中所辦最重要的事」，宣言的「第二段是解釋本黨的三民主義，這一段在宣言中尤爲重要。因爲我們所主張的三民主義，是永遠不變的，要大家自始至終去實行。」❽但是這個宣言第二段關於三民主義的解釋，如上所述，基本上是共產國際「十一月決議」的翻版。

---

❹同上。

❺孫中山「關於民生主義之說明」（民國十三年一月二十日）。見《中國國民黨第一次全國代表大會史料專輯》，中華民國史料研究中心編印，臺北，民國七十三年，頁七七。

❻孫中山「中國現狀及國民黨改組問題」（民國十三年一月二十日），同上，頁七一。

❼孫中山「宣言旨趣之說明」（民國十三年一月二十三日），同上，頁八〇。

❽孫中山「閉會詞—黨員之奮鬥同於軍隊之奮鬥」（民國十三年一月三十日），同上，頁八三。

鮑羅庭是俄共與共產國際任命爲孫中山的「政治顧問」，也是派到中國的「欽差大臣」；其初到中國的首要任務是負責進行國民黨改組。根據共產國際的「十一月決議」，俄共要使國民黨成爲一個「工農政黨」，領導包括中共在內的統一戰線進行民族革命運動。因此，共產國際對於這次國民黨改組也至爲重視。國民黨一大結束後，鮑羅庭在一份文稿中，對於國民黨的歷史和現狀，孫中山和國民黨、國共關係及其未來發展的趨勢，都有深入地分析，對一大宣言的制定與爭議，也提供了很多珍貴史料。從鮑羅庭的分析中，我們可以看出他對中國革命的認識、觀點和策略。這是一份重要文獻。但是，這份文稿沒有日期、沒有標題、沒有收件人。從內容來看應在二月中旬左右，是寄給北京加拉罕和莫斯科俄共中央、共產國際的內部參考資料。這份文稿也是第一卷收入的檔案中最長的一篇——共七十六頁（德文版），內容包括有關人物及事件的手記、演詞、談話及討論記錄等等❾。筆者按下開自編「綱目」，予以引述：

---

❾文件111：鮑羅庭的手記和資料報告（廣東，不早於一九二四年二月十六日）。

## 甲、前言

### ㈠國民黨

國民黨一大是中國民族革命的新紀元。蘇俄指責國民黨不是一個眞正的政黨；沒有以群衆爲基礎的政綱，沒有一個嚴格紀律的黨章。這是對的，但還不足以說明國民黨的眞相。爲了能夠正確評價國民黨改組，必須瞭解中國的特殊情況，孫中山的演講、著作，以及國民黨的歷史及其發展過程。

國民黨不依靠某一階級，更談不上勞動群衆，它把全民族視爲社會基礎，要從半封建的經濟狀態中，走上資本主義之路。帝國主義造成今天中國的半殖民地狀態，應該反帝。但是，有時國民黨在宣言或聲明中談及反帝，那是因爲當時的情況使然。基本上國民黨不是逃避這個問題，就是設法與帝國主義取得共識，期待善意的回應。一句話，國民黨不是反帝的。

關餘問題，即其明例；先是威脅要接收海關，到了緊要關頭，又不敢採取行動。國民黨要向外國人表示，它與義和團不同，是一個可受尊重的民主政黨。這種又怕、又要人尊重的心態，表現在他與國民黨要人討論一大宣言草案的過程之中。孫中山與美使舒爾曼的談話就是一個例子；他完全忘記了他的反帝高論，要求美國前來干涉中國內政。國民黨不敢攻擊外人租界——這個半殖民地的象徵，就是因爲在必要時可以逃到租界去「政治避難」，孫中山又是一個例子。更重要的是，國民黨人以羨慕的心情，視租界爲可以摹仿的樣板城市。在過去，國民黨的根本問題，不僅是在政策上不依靠勞動群衆，沒有黨紀，而是缺乏民族性格和反帝精神。談民族主義，就不能忽視勞苦大衆的利益，這是使他們從軍閥和帝國主義的壓迫和剝削中解放出來的前提。不瞭解這一點，國民黨就永遠不能成爲一個眞正的民族革命政黨。國民黨過去不僅不是以群衆爲社會基礎的政黨，也不曾是站在資產階級的立場代表中國利益的政黨。

國民黨從未召開過黨的代表大會。所有黨的宣言等文件，都是孫中山以國民黨的名義發表的著作，而文件中提及的三民主義，又每次不同，甚至互相矛盾。人們不知道國民黨的政綱是什麼，民族革命的任務與方法又是什麼。國民黨人對於科學的社會主義一知半解，對於馬克斯的著作一無所知。

孫中山生硬地接受了亨利・喬治的單一稅理論，硬說那是他的發明；孫中山從不承認他曾引用過什麼人的學說，別人都是他的「學生」，因為這個學說，那個理論，他在多少年前就已經說過了！孫中山主張生產國有化，節制資本，但中國的經濟還未發展到這一地步。孫中山反對沒收土地給佃農耕作，主張在不變更土地所有權的情形下漲價歸公，這是矛盾百出、脫離實際的想法。三民主義亦然。民族主義要求中國獨立，但不以反帝和勞動群衆的參與為前提；工農在國民黨的政策中，不占有任何位置。民權主義是美式民主，再加上「五權」；孫中山認為那是他的偉大發明，可以解決社會上的一切弊端。孫中山及其信徒，從未瞭解西方現代社會中的民主政治的運作以及政治與社會經濟關係的相互作用。至於說民生主義就是社會主義，那是一個誤會，特別是用漲價歸公來解決土地問題。談到工人問題，國民黨的想法還不如資本主義國家的勞工法。國民黨高喊大企業的國有化，但又不敢沒收外國人在中國的大企業，這就毫無意義了。

## ㈡孫中山與帝國主義

孫中山不從反帝的立場來實現民族革命的任務，相反地，他一再向帝國主義國家表明：在國民黨實現中國獨立與統一之後，帝國主義者會從中國得到什麼好處。孫中山的「實業計畫」就是一個例子。這個計畫是公開邀請西方資本主義國家，共同合作來剝削中國資源，其結果不外是瓜分中國。因爲中國還沒有一個可以對抗西方合作開發中國資源的民族力量，而不得不任人擺布。孫中山不瞭解、也不願意瞭解這一點。

孫中山從未放棄與帝國主義國家取得共識，以期統一中國。但列強要維持中國半殖民地的狀況，也就從來沒有善意的回應，因爲西方並不相信孫中山。美國懷疑孫中山，總是與日本眉來眼去，又支持日德俄三國合作。日本也不相信孫中山，因爲他總是抱著美國人的大腿不放（舒爾曼談話）。英國人希望這位「空想家」孫中山留在廣東，這對英國有利。英國人如果給陳炯明些許武器，孫中山在一週之內就會垮台。但陳炯明是一位冷靜的政治家，他沒有實現民族革命的偉大計畫，進行「北伐」反對曹錕；陳要建設廣東成爲樣板省份，穩固經濟與財政，使廣東成爲南方諸省的經濟中心，進而與香港抗衡。孫中山，還有他的周圍人物，不瞭解英國人的眞正企圖，自我陶醉。在英、美、日三國眼中，孫中山不是他們的同路人。在國民黨一大改組之後，列強更視國民黨爲其在華擴張勢力的潛在敵人。因爲孫中山現在可以成爲眞正的民族革命運動的領導人，列強開始怕孫中山，但又不能跟孫中山徹底決裂；半推半就，保留餘地。

## ㈢孫中山與蘇俄

孫中山接受了以共產國際的「十一月決議」爲藍本的、革命性的一大宣言和政綱，但拒絕公開宣佈國民黨已與蘇俄建立了統一戰線（聯俄），因爲孫中山對蘇俄還沒有足夠的信任，更沒有想到英國會馬上承認蘇俄（一九二四年二月一日）而犯此大錯。孫中山不完全瞭解蘇俄在遠東的眞正目的；鮑羅庭嚐試用孫中山的思維方法向他解釋說，列寧針對東方被壓迫的民族所留下來的遺教，不論發生何種情況，對於蘇俄共產黨人來說，永遠是神聖不可侵犯的。孫中山無法瞭解這些話的涵義；直到鐵一般的事實擺在眼前，他也許會大徹大悟。

## ㈣孫中山這個人

孫中山是一面鏡子，照亮了國民黨的整個面貌。

「孫中山是共產黨人，是國民黨左派，是國民黨中派，是國民黨右派，有時他的語言很革命，比我們共產黨人還要革命。有時他忘記了他的偉大空話而是一個庸俗的小資產階級者。」有時他高喊反帝，但又對美使舒爾曼要求美國干涉中國內政，從而犧牲中國利益。或者寫信給帝國主義國家的一個即將入閣的政客，大談這個政客在中國的偉大任務，而忘記這個帝國主義國家給他的痛苦教訓（致犬養毅函）。孫中山是一個充滿矛盾的人物，這樣的矛盾對於中國的民族革命是危險的。從這樣的矛盾中，也可以看到當前小資產階級中國的面目。

人們不免要問：像這樣一個人物怎麼會成爲一個政黨的領袖呢？不是一個政黨，是國民黨的領袖！孫中山之所以能成爲而且直到現在還是國民黨的領袖，就是因爲孫中山對國民黨人無論在理念上還是在組織上都沒有提出任何要求。正因爲如此，孫中山才能在這個五花八門、無所不包的國民黨中提出所謂民族、民權、民生主義（社會主義），這樣簡單的表達方式而運用自如。至於三民主義是什麼？那又是別人的事了。

根據上述，一個眞正革命的、團結的、有紀律的國民黨，在這樣的一個孫中山的領導之下，幾乎是不可能的，但是沒有這個孫中山，國民黨改組又是無法想像的。因此，鮑羅庭說他的努力是，充分利用孫中山的過激主義，他的權威和他要改造這個黨的願望，來喚醒全國眞正的革命分子聚集在國民黨的左傾潮流之下。鮑羅庭說，他很難指出，他在使這個小資產階級的空想家孫中山成爲眞正的民族革命家的孫中山方面，有多少成就。「有時我覺得，不管我們用多少東西來餵這匹老狼，他總是希望從那些『自由國家』（得到援助），來拯救中國。」

## 乙、一大的籌備工作

鮑羅庭說，談不上嚴格意義的籌備工作。大會召開前本應在全國進行調查工作，但在內戰情形下，是不可能的。另外在全國也找不出國民黨在工作、組織上具有代表性的城市或黨務中心。祇是在廣東和上海國民黨的領導人物進行了兩個多月的籌備工作；有中共參與，貢獻不少。大體上說，鮑羅庭對於一大的籌備工作並不滿意，特別是一大宣言。

一九二三年十月二十五日，孫中山派胡漢民等組織「國民黨臨時中央執行委員會」，聘鮑羅庭為顧問並負責起草宣言及黨章。後者問題不大，宣言爭議頗多。

### ㈠一大宣言的爭議

宣言共有三個部分：一、中國之現狀，二、國民黨之主義，三、對外、對內政綱。第一部分是鮑羅庭與中共代表討論之後定案的。第二部分，爭執最多，討論最久。鮑羅庭的草案是以共產國際的「十一月決議」爲藍本。這個決議加拉罕於十二月二十七日自北京寄出，鮑羅庭於十二月三十日在上海收到⑩。爭議之點是：

**(1)少數民族問題**

少數民族應享有自決權，這是宣言審查委員會的共識。但是否現在就應與少數民族有組織上的聯繫或合作關係，意見不同。鮑羅庭認爲，發表宣言的是一個政黨而非政府。少數民族基於歷史經驗，對於中國政府持有懷疑態度，因此首要任務是進行宣傳，視民族革命運動的發展，特別是在成立政府之後才能決定如何進行組織上的聯繫。這是「十一月決議」的立場，國民黨一大通過的宣言完全採納，但宣言接著指出，革命成功以後，「當組織自由統一的（各民族自由聯合的）中華民國」，這與莫斯科的決議要求成立「中華聯邦共和國」的精神有違。鮑羅庭妥協接受，因爲承認少數民族自決原則的共識，最爲重要。

**(2)土地問題**

---

⑩文件103：加拉罕給鮑羅庭的信（北京，一九二三年十二月二十七日），極密。文件104：鮑羅庭給維廷斯基的信（上海，一九二四年一月四日）。

宣言審查委員會一致認為，革命成功以後，由國民黨成立的政府，對沒有土地的農民及佃戶給以土地，資其耕作。鮑羅庭說，土地從那裏來？宣言不能迴避這個問題，應該對農民有明確地交代。但是，共產國際沒收土地的提綱被拒絕了。

(3)民權主義的來源

根據汪精衛的手稿，民權主義係來自所謂「進步的民主國家」。鮑羅庭引述孫中山的「實業計畫」反駁汪精衛說，孫中山的民權主義與西方的「進步的民主國家」毫不相干。每一國家的憲法都反映那個社會的經濟情況，"Like economical relations, like constitution"。國民黨的社會經濟制度一方面建立在國家社會主義上，生產資料收歸國有，一方面又允許私有制存在，這是孫中山的學說，是宣言的理論基礎。鮑羅庭力主刪除。

(4)「中國工人熱愛勞動」

汪精衛在他的手稿中指出，中國工人的處境應予改善，因為中國工人熱愛勞動是全世界聞名的。鮑羅庭說，這不僅是對中國革命力量——工人的最大侮辱，也把中國由於帝國主義剝削而產生的落後經濟狀態說成是一種美德。香港大罷工、安源、唐山煤礦大罷工、京漢鐵路大罷工等等，在在說明，這與中國工人熱愛勞動無關。鮑羅庭力主刪除。

鮑羅庭起草的宣言，首先由瞿秋白由俄文譯為中文，交給汪精衛整理。在上海鮑羅庭與廖仲愷、汪精衛、胡漢民和張秋白整夜爭論，在廣東（張秋白不在，瞿秋白出席），有一次討論了十五個小時之久。鮑羅庭說，除了土地問題中沒收土地一項外，宣言審查委員會採納了他的所有建議。

## ㈡成立國民政府問題

一月二十三日，審查委員會已將宣言擬妥，將交付大會下午討論通過。就在此緊要關頭，孫中山派人請鮑羅庭前來會場晤談。孫中山有意刪去宣言，主要是因爲海外華僑反對，發動電報攻勢，製造輿論，說國民黨已經布爾什維克化了。孫中山主張用他自己寫的「國民政府組織案」和建國大綱來代替宣言，這又與關餘問題有關。

爲了關餘問題，陳友仁曾赴香港與北京外交使節團團長弗萊塔司交涉，後者同意與北京外交使節團洽商取得一個對廣東政府有利的解決辦法，並請使節團與廣東政府直接談判。但廣東英國領事接獲北京來函，不准與廣東地方政府有任何接觸，弗萊塔司也不准與陳友仁進行晤談。鮑羅庭說，廣東被視爲「地方政府」，使孫中山怒髮衝冠，決心馬上成立國民政府；寧可在國民政府的名義下玉碎犧牲，決不願被列強視爲地方匪幫。鮑羅庭說，他最擔心的事，終於發生了。一大的召開不是要選孫中山為中國的大總統，而是通過一大宣言，在意識形態上決定國民黨的政綱，在組織上改組國民黨。刪除宣言，成立國民政府，對一大來說是致命的措施，不問代價、手段，必須全力阻止。

鮑羅庭首先與宣言審查委員會的委員們商討對策，並建議祇提出成立國民政府的口號，進行宣傳，但不落實。廖仲愷也認為，國民黨連廣東一省都未能控制，時機尚未成熟。大家一致同意，汪精衛建議在大會議程上就寫「組織國民政府必要案」。但廖、汪拒絕晤孫，因為他們認為，總理決定之事，從不更改。大會前，鮑羅庭與孫中山進行一次長談。孫中山最後改變初衷，同意在大會提出「組織國民政府必要案」，但堅持同時印發他的建國大綱，鮑羅庭認為那是一個無關痛癢的文件，未表反對。

鮑羅庭說，孫之所以改變主意，多少受了他與美使舒爾曼談話的影響。報紙上發表的孫舒談話，是經舒爾曼過濾的內容，對孫不利，報導給讀者的印象是，孫中山犧牲中國權益，要求美國帝國主義前來干涉中國內政，以期解除軍閥武裝。鮑羅庭以關餘為例，要孫中山放棄從美國、英國或日本獲得任何援助的幻想。眞正支持孫中山的是一億五千萬蘇俄人民，是已淪為半殖民地的德國人民，是剛獲得獨立的土耳其人民，還有波斯、印度那些被壓迫的民族，都翹足以待孫中山在反帝鬥爭中獲得最後勝利。鮑羅庭勸孫中山在大會通過宣言時，發表一篇義正詞嚴、痛斥帝國主義干涉中國內政的聲明，藉以挽救因舒爾曼談話所產生的不良形象。鮑羅庭說，孫中山頻頻點首示意，告別時熱情地握手並陪同鮑羅庭走入會場。宣言通過後，孫中山發表演講（「至對外的責任，是要反抗帝國主義，將世界受帝國主義所壓迫的人民，來聯絡一致，互相扶助，將全世界受壓迫的人民都來解放。我們有此宣言，決不能又蹈從前之覆轍，做到中間，又來妥協。」）。鮑羅庭說，這個「宣言旨趣之說明」證實這次長談沒有浪費精力。

鮑羅庭指出，一大宣言是一個妥協文件，「並不完全符合我們的要求」。但在目前的條件下，差強人意。一大宣言不是一個反帝的行動綱領，根據這個宣言要使國民黨成爲激進的、民族革命的「工農政黨」。國民黨一大是中國民族革命運動的新紀元。

## 丙、孫中山與一大後的國民黨

鮑羅庭指出，國民黨有左右兩派，還有一小撮可以稱之爲中派。

右派以海外華僑及其組織爲代表。對於民族革命運動，他們幫不上忙，還帶來諸多後遺症。

這些「反動的海外代表」所考慮的是，中國革命會給他們在海外的商業活動帶來什麼好處。但是這些人又與國內的國民黨右派代表在基本問題上立場不同。譬如談到租界或治外法權，前者主張反帝，後者強調過於反帝，會使國民黨有布爾什維克化的嫌疑。右派也包括了小資產階級的知識分子，他們反映了中國的經濟情況。中國沒有工業、企業或健全的中產階級可以使他們就業工作；唯一的生路就是服務洋人。俄國的知識分子先是拒絕革命，但當革命勝利時，他們就回到革命陣營中來。中國的小資產階級不是，他們從未脫離革命，從而搖擺在革命與帝國主義之間，形成推行民族革命運動的阻礙。他們之所以能夠在國民黨內繼續生存，就因為這個黨不是一個具有組織、紀律和明確政綱的政黨。

左派分子是滿腦子威爾遜式的美國民主，他們與日本的知識分子不同，拾人牙慧，取其皮毛。但在左派中間有些人是民族主義者，如果他們能夠瞭解現代社會的政治運作、帝國主義的本質、民族革命的具體任務和國民黨改組的意義，則是將來爭取的主要對象。

孫中山目前接近左派，因為沒有左派的合作，國民黨不會起死回生。但他不會與右派決裂，乃至對右派進行堅決地鬥爭。孫中山與這些右派有二十多年的「革命情感」，忠誠地追隨他，奉為領袖。這些人可以成為國民黨或孫中山的信徒，同時在舊金山、新加坡或古巴做生意。在國內，一些擁有土地、從事商業活動的右派分子，同時也在國民黨內佔有一席職位，但是他們都沒有任何要爲這個黨工作的義務。這也說明爲什麼在孫中山與這些右派之間沒有意見衝突。

在討論宣言、政綱的過程中，除了兩個問題（沒收土地和公開宣佈與蘇俄建立統一戰線）之外，孫中山與鮑羅庭的態度一致。但在組織問題上，也就是誰來決定黨的命運的問題上，孫中山支持右派，左派點綴一下而已。孫中山沒搞清楚，政綱問題與組織問題是一體兩面。孫中山一方面同意採納一個革命性的政綱，另一方面又任命右派分子進入中央執行委員會，並在各種委員會中擔任要職，來阻礙政綱的實現。因此，鮑羅庭的結論是：「左派與右派的和平共存不會太久，分裂勢所難免。」其實左右鬥爭早已開始，而且是右派首先發動。一大後他們失敗了，但死硬右派不會就此罷手，尤其是海外右派代表反對「赤化」最力。在廣州有孫中山及左派，但在沒有孫中山的地方就很難說了。鮑羅庭舉例說，二月十六日，有四個老黨員在紀律委員會前「受審」，因爲他們要在黨內成立一個反對左派和中共黨團的右派組織。四人堅決否認或不知情，沒人有勇氣在孫中山的面前說他們不同意總理的新政策。在廣東以外，他們就不會如此懦弱了。鮑羅庭說：「我們要特別分析右派在廣東的失敗，因爲它反映了國民黨的某些特徵。」

一月十八日，鮑羅庭在中國共產黨與社會主義青年團的聯席會議上說，在國民黨中要注意右派，並與右派鬥爭到底；在對右派的鬥爭中加強左派的勢力，並透過左派的影響來鞏固改組後的國民黨。至於孫中山，在沒有強大的左派勢力的情形下，他不會對右派進行堅決地鬥爭。鮑羅庭說，共產黨人的任務是，在中國推行民族革命運動，國民黨要取得民族革命的領導權，也要奪取政權，因此，「我們需要把國民黨變成一個戰鬥的工農政黨。」⓫

⓫關於國民黨一大改組，除本節所引文件111（註❾）外，參閱文件107：鮑羅庭給加拉罕的信（廣州，一九二四年一月二十五日），密。文件110：加拉罕給鮑羅庭的信（北京，一九二四年二月二十三日）。

# 第十一章「右派」：「好好的分家」

國民黨一大改組，對俄共和共產國際來說，是中國民族革命運動的新紀元；對國民黨來說，是分裂的開始。

鮑羅庭認爲國民黨左右派的和平共存不會持久，分裂勢不可免。在有強大左派的情形下，孫中山會對右派進行鬥爭。鮑羅庭確信，祇要孫中山人在廣州，右派不會有所舉動。事實證明，並非如此。

二月九日，加拉罕在寫給蘇俄外交事務人民委員會主席齊契林的報告中說，國民黨一大無論對國民黨本身還是中國民族革命運動，都是歷史上的轉捩點。國民黨右派認同孫中山，而非國民黨；擔心改組會使孫中山失去權威，又怕黨有被赤化的危險。孫中山採取中間偏左路線。最重要的是，三民主義的解釋是以共產國際的「十一月決議」爲主，黨章又以俄共組織爲楷模。國民黨現在已經是一個起死回生的政黨，而且是一個在蘇俄的權威和影響之下的政黨。這是在土耳其、印度、波斯都沒有的事實。莫斯科有人對國民黨及其改組成果持有懷疑態度，是毫無根據的。至於要求孫中山與蘇俄簽署一項政治協議，實無必要。這是由於土耳其的痛苦經驗，亡羊補牢；土耳其與中國不同。此外，等孫中山在北京掌握政權以後，簽署政治協議才有意義❶。

一九二三年底，莫斯科一再函詢加拉罕：廣東還能維持多久？俄方同意給予經援與軍援，但要看孫中山的答覆決定❷。加拉罕轉達了孫中山的樂觀估計，還有他對國民黨改組後的正面評價。

一九二四年三月底，俄共中央政治局召開兩次會議，決定撥付已於去年三月八日批准的二百萬元經援的第一次付款五十萬元（金盧布），以及交付越飛與孫中山於去年五月達成協議的軍火❸。

加拉罕，與當年的越飛一樣，力主全力支持孫中山和國民黨。並說，國民黨一大以後，中共

❶文件109：加拉罕給齊契林的信（北京，一九二四年二月九日）。

❷文件103：加拉罕給鮑羅庭的信（北京，一九二三年十二月二十七日），極密。參閱文件105：共產國際執行委員會東方部給主席團的報告（莫斯科，一九二四年一月初），密。

❸文件112：俄共（布）中央政治局會議記錄第八十號（莫斯科，一九二四年三月二十日）。文件113：俄共（布）中央政治局會議記錄第八十一號（莫斯科，一九二四年三月二十七日）。參閱文件106：俄共（布）中央政治局會議記錄第六十四號（莫斯科，一九二四年一月二十四日）。

不再反對在國民黨內工作❹。他在上述給齊契林的報告中指出，莫斯科有人對廣東持有懷疑態度。維廷斯基就是其中的一名主將。

一九二四年一月初，共產國際執行委員會東方部（由維廷斯基署名）在給該會主席團的報告中指出，曹錕當選總統，有美國後台。這不僅表示美國的在華影響加強，也是直系勢力的擴大。國民黨應該公開地、誠摯地與蘇俄合作。國民黨改組後，中共黨內對於國共兩黨關係以及國民黨與產業工人及青年的關係，有嚴重的意見分歧。換言之，中共應在國民黨的旗幟下，爲實現民族革命運動而組織工人，或是由中共直接領導勞動群衆。東方部認爲，中共中央及社會主義青年團負責人應在上海召開一次會議，進行討論，尋求答案。東方部的意見是：目前的問題不是在什麼樣的政治旗幟下組織工人，而是如何在階級組織內聚集工人勢力，以及如何儘快克服由於罷工失敗而引起的工人組織的分化❺。

二月二十五日，共產國際執行委員會東方委員會在聽過有關中國問題的報告之後，決定建議中共中央於本年五月召開擴大會議❻，討論下列問題：1.根據國民黨一大宣言，爭取黨員，加強

---

❹文件105：共產國際執行委員會東方部給共產國際執行委員會主席團的報告（莫斯科，一九二四年一月初），密。
❺同上。
❻一九二四年五月十日至十五日，中共中央執行委員會擴大會議在上海召開。

左派的地位；2.加強中共黨員在國民黨宣傳機構中的監督工作；3.加強工會工作，馬上恢復京漢鐵路總工會的組織；4.加強對工人、知識分子，特別是學生中間的宣傳工作；5.在發展國民黨的同時，要吸收農民，推行徹底地土改；武裝農民，在接近前線的地方，組成農民自衛隊；6.研討對農民進行廣泛地宣傳方法；7.在三個月之內，進行提高以吸收滿二十五歲以上的共青團團員爲主的黨員數字的運動❼。

四月二十一日，維廷斯基在自北京寫給拉斯可尼科夫（自一九二四～一九二八年任共產國際東方部主任）的信中指出，認爲中共已在國民黨內溶化的說法是錯誤的。年輕的中國共產黨所面臨的任務是複雜而艱鉅的，因此有些工作並不理想。維廷斯基認爲，應該警告中共，在國民黨內工作不是目的，而是手段；在何處、何時與國民黨合作，要看是否對推行民族革命運動有利而定。針對鮑羅庭全力發展國民黨爲群衆組織的立場，維廷斯基說，中共在北方鐵路工人和礦工方

❼ 文件114：共產國際執行委員會主席團東方委員會關於中國問題的決議（莫斯科，不早於一九二四年四月）。參閱中國共產黨擴大執行委員會文件（一九二四年五月）：「共產黨在國民黨內的工作問題決議案」、「工會運動問題決議案」、「S.Y.工作與C.P.關係議決案」、「黨內組織及宣傳教育問題議決案」、「農民兵士間的工作問題議決案」。見《中共中央文件選集》第一冊（一九二一～一九二五），中央檔案館，北京，一九八九，頁二三〇～二五〇。

面的工作，是當前的最大任務，並相信不久會有成果。所有這些都要在中共中央五月召開的擴大會議上討論❽。

維廷斯基主持召開中共中央的五月擴大會議，根據拉斯可尼科夫的報告，會中有人抗議中共在國民黨內已被溶化，更有人公開主張國共分手。擴大會議最後決議中共繼續留在國民黨內工作，但要加強中共組織❾。

中共黨員繼續留在國民黨內，這是共產國際的基本路線，不得更改，但中共的主流派並未因而放棄退出國民黨的立場。就在同時，而且是在廣州，國民黨的所謂「右派」也要求「好好的分家」。

六月十八日，國民黨中央監察委員鄧澤如、張繼、謝持等向孫中山提出彈劾共產黨書。七月三日，國民黨中央執行委員會第四十次會議，結果決議，請孫中山召集中央執行委員會全體會議（一屆二中全會），討論解決辦法。根據俄共祕檔，張繼在報告他與鮑羅庭的談話（六月二十五日）之後表示，孫中山不應該聘鮑羅庭為政治顧問；鮑的做法是不道德的。譚平山反駁說，鮑羅

---

❽文件115：維廷斯基給拉斯可尼科夫的信（北京，一九二四年四月二十一日）。

❾文件116：拉斯可尼科夫給西諾耶夫、齊契林、史大林、布哈林等關於中共中央五月會議的報告（莫斯科，一九二四年六月二日）。

庭幫助中國革命，其方法是革命者的方法，是革命的道德。張繼指出，鮑羅庭在俄國革命之後，在東方搞革命，國民黨不願步土耳其後塵，重蹈覆轍；土耳其的民族革命證明，與共黨合作是不可能的。中共黨員加入國民黨以後，糾紛不斷。譚平山說，這個問題必須解決。解決之道不外：解散共產黨或開除已加入國民黨的共產黨員。但是，中國共產黨是共產國際的成員，對於這個問題，中共自己無法決定，國民黨也不能當家做主。另外，中共黨員在加入國民黨的時候，孫中山允許中共黨員有自己的組織，也未要求解散共產黨。會議決定須有表示態度的宣言，並於八月十日召開全體會議⑩。

臺灣出版的《國父年譜》中有關七月三日的記載，引用「中央執行委員會第四十次會議記錄」原件，但沒有提及張繼與譚平山長達兩小時的辯論⑪。七月十三日，陳獨秀就國民黨中央執行委員會將於八月十日召開全體會議討論共產派問題一事，致函維廷斯基。陳獨秀相信，孫中山不會拋棄中共，但也沒有任何要制止右派攻擊中共的意思。在國民黨內，祇有反共的右派和左派——即中共同志。孫中山與一些領導人物都不是左派而

---

⑩文件117：關於國民黨中央執行委員會第四十次會議資料（廣州，一九二四年七月三日）。參閱文件118：加拉罕給鮑羅庭的信（北京，一九二四年七月十二日）。

⑪《國父年譜》，前出（第二章註⑬），頁一四九六。

是中間派，因此支持國民黨就是支持右派，就是繼續幫助中共的敵人，把中共變成國民黨內的反對派，因爲黨的組織都控制在右派手中；他們在內政上反對工人，在外交上反對蘇俄。這樣的政策如果繼續下去，勢將影響整個遠東的革命運動。陳獨秀要求維廷斯基馬上致電鮑羅庭，要後者報告國民黨的眞實情況，再由共產國際制定新的政策。「我們的意見是，不能無條件地支持國民黨。」⓬

在鮑羅庭影響下的中共廣東局，對在上海中共主流派的立場，不予支持。七月十五日，中共廣東局召開全體會議。大會在聽取鮑羅庭的報告之後，完全同意鮑對南方局勢的分析，以及他所採取的政治路線。大會一致認爲：在國民黨不脫離一大宣言、中共黨員在國民黨內可以合法工作，且在勞動大衆中從事加深民族革命運動和加強工農運動的情形下，中共不應退出國民黨。現在做退出的準備，是走上錯誤之路的開始，沒有認淸在目前的條件下，中共所應扮演的角色。大會最後指出：維持廣東爲民族革命運動的基地，是當前的主要任務⓭。

三天後，七月十八日，鮑羅庭又寫信給在上海的瞿秋白說，在廣東由所謂「左派」成立了一

---

⓬文件119：陳獨秀給維廷斯基的信（上海，一九二四年七月十三日），密。

⓭文件120：中國共產黨廣東組織關於鮑羅庭報告的決議（廣州，一九二四年七月十五日），密。

個「政治局」（中央政治委員會）。譚平山拒絕加入工作，鮑則建議由瞿秋白遞補。鮑羅庭強調，中共黨員在國民黨內組織左派，這是目前的總路線。中共黨員不能一心一意地要離開國民黨，從而忘記在左、右派之間，分化離間、化右爲左⓮。

國民黨一屆二中全會，於一九二四年八月十五日召開於廣州。全會在那一天閉幕？有關著作都避而不談。「按第一屆第五十一次常會日期爲八月十四日，第五十二次常會爲九月一日，全會於此期間舉行無疑。」⓯

國民黨一大改組之後，中共不滿，溢於言表；國民黨的所謂「右派」更是亦文亦武，展開全面攻勢。黨內的國共衝突，由中央執行委員會全體會議處理，並由總理孫中山親自主持討論決定，事屬空前，意義非常。《國父年譜》根據「中央執行委員會全體會議記錄」（原件），對於八月十九、二十及二十一日的討論有所介紹，但仍然給人以猶抱琵琶，點到爲止的感覺。讀者無法獲得「原件」的全部眞相。

在俄共祕檔中，有一個文件是「國民黨中央執行委員會二中全會關於討論共產派問題的資

⓮文件121：鮑羅庭給瞿秋白的信（廣州，一九二四年七月十八日）。
⓯「中國國民黨歷屆中全會舉行日期地點一覽表」，《中國國民黨黨史資料與研究》，中華民國史料研究中心編印，臺北，民國七十八年，頁五八二註一。

料」⑯。這個文件，對於二中全會有與衆不同的報告，特別是關於八月三十日的記載。在臺灣和大陸的有關著作中，都沒有提到二中全會在八月三十日召開了最後一次會議，而且是由孫中山親自主持的最後一次全體會議。至於孫中山的講話，更是聞所未聞，以下是這個文件的扼要引述：

> 國民黨右派印發號外，召開集會，要求把共產分子趕出國民黨。至於中派，不反對中共黨員在國民黨內工作，但是不懂中共爲什麼要保守那麼多不可告人的祕密，以致使右派疑神疑鬼，甚至認爲中共與共產國際聯合，操縱中國革命。中共有祕密，亦有守祕密之必要。在這一點上，中派與右派的看法是一致的，但中派並不要求中共黨員退出國民黨，因爲在反帝和爭取群衆方面還要中共的合作。問題是，如何使中共服從國民黨，而非反客爲主。目前的情況是，既不能解散共產黨這個組織，也不能開除中共黨員，中派認爲祇有想出一種辦法，一方面讓他們知道「共產派的祕密」，一方面也可以藉此辦法安撫一下右派，平息風波。因此，中央政治委員會決議設立「聯絡部」。中派相信，這樣可以獲得共產國際的一切指示，也可以切斷中共與莫斯科的直接聯繫。

八月十九日，在二中全會第一次會議上，右派要求「好好的分家」。中共反對，因爲這種

⑯ 文件124：國民黨中央執行委員會二中全會關於討論共產派問題的資料（廣州，不早於一九二四年八月三十日）。

「退出」，祇有在國民黨改變一大路線的情形下，才能發生，目前不是；祇要國民黨還是一大的國民黨，中共也就沒有在國民黨內成立祕密共產派的必要。如果國民黨不進行革命的、反帝的鬥爭——有許多事實證明，確是如此，那中共就有必要維持一個黨團，督促國民黨不要脫離一大路線。另外，孫中山在允許中共黨員加入國民黨時，也同意中國共產黨可以獨立存在。對中共來說，或是國民黨改變其政綱，孫中山收回成命，那結果是開除中共黨員；或是一大宣言及黨章不變，違反者不問何許人也，一律懲罰，其結果是開除右派。

中派採取折衷立場，認爲中共在國民黨內沒有祕密組織，也不必有，因爲共產主義與三民主義無大區別。重要的是，國民黨要有一個組織去瞭解共產國際及中共對國民黨的關係，以及獲得來自莫斯科有關中共的指示。八月二十一日，中央政治委員會提出兩個草案：「國民黨內之共產派問題」及「國民黨與世界革命運動之聯絡問題」，並以九票一致通過。根據後案設立「國際聯絡委員會」，這個國際「聯絡」委員會，不是國民黨和中共的上上級，也沒有可以隨時獲得來自莫斯科有關國共兩黨關係指示的職權。中派發覺自己被騙了，乃要求再對全體黨員發表「關於容納共產分子之訓令」，說明設立國際聯絡委員會的意旨。中派妥協，孫中山忽然向左，這都與因商團事件而引發的外來壓力有關。

八月三十日下午二時，二中全會召開了最後一次會議。中央執行委員會委員全體出席，會場是廣東大學禮堂，會議由孫中山主持。全會祕書覃振首先報告各次會議經過及通過的兩個決議和一個指示。孫中山問：「在全會通過上述三項決議之後，各位是否確信今後跟中共黨員不會再有不同意見及糾紛？」覃振說，如果今後所有同志都全力爲推動民族革命而工作，不會再有這樣的意見衝突。張繼插嘴說，那要看將來的事實表現。

孫中山接著說：「我認爲這樣的意見衝突，不會如此輕易解決。從我的立場來看，這些同志對於在國民黨內共產派的爭執，不是細節問題，而是原則問題。當我再一次閱讀這些文件之後，我發現這不是因共產派的錯誤行爲而引起的，或是共產派爲反對我們的政策而撰寫的東西，因而有人反對；不是的，絕非如此。反對共產派的那些人，沒有瞭解我們自已的政策。我們進行革命已經有了三十年，我們革命沒有成功的主要原因是，我們的同志沒有瞭解自己黨的理論。俄國革命發展很快，也很徹底，那是因爲革命黨的黨員有覺悟、準備，瞭解黨的理念。正因爲如此，俄國的組織方法，是我們最好的楷模；我請鮑羅庭同志擔任我們的顧問和黨的訓練員。在黨的改組之前，我們已經詳細地討論過這個問題，並決定召開黨的代表大會。現在大會已經開過，改組也在進行。當決定改組黨的時候，馮自由同志並未表示反對。有兩個月之久，當他還是臨時中央委員會委員的時候，也沒有片言隻語不滿改組。但是，當新的中央委員會選出之後，而他又未被選入的時候，他就向我們的死對頭——香港的《大公報》出賣他所掌握我黨改組及其他有關黨的情報。馮自由的這種做法，引起黨內對共產派的鬥爭，就是因爲他沒有被選入中央執行委員會。當然我相信，像這樣大的鬥爭，馮自由一個人是搞不起來的。但是，他在黨內有二十年的黨籍，在同志中有某種程度的權威，因而有人盲從吶喊。現在我以本黨總理身份，宣佈開除馮自由！

有的同志說，我的社會主義不是共產主義。這些人不懂，在社會主義與共產主義之間，沒有原則性的區別；區別祇是方法不同，用不同的方法來實現同一目標。開始時，共產黨人反對民族主義與民權主義。但俄國革命的經驗告訴我們，俄國革命的大部分工作，是在民族主義的領域內完成的。因此，中共承認共產國際有關民族主義和民權主義的決議案，並決定加入本黨。另外，社會主義（民生主義）與共產主義在原則上是相同的，因此，我們也決定容納中共分子加入本黨。從現在起，如果有人說，我們的社會主義不是共產主義，那麼這些同志所說的『社會主義』就與我的社會主義不同。如果在這次全會之後，仍有人由於對我的主義的無知而製造緊張關係，那我就要採取對付馮自由的辦法處置他們。」

這時場內一片沈寂，有數分鐘之久。孫中山環視場內出席人員。忽然張繼開口：「總理有權開除馮自由，但仍有很多同志不瞭解社會主義，特別是來自海外的同志。另外，我和馮自由一樣，採取不同的、反對的立場，也請總理處罰我罷。」

孫中山說：「你不知道，也不懂，你的立場與馮自由的根本不同。說到海外同志，他們長年生活在英、美國家的領土上，被帝國主義花言巧語的宣傳所毒化，認爲俄國革命要比兇悍的野獸對人類還要有害。海外同志對於在英、美的共產黨人隨時可以逮捕，送入監獄，已經司空見慣。他們曾經幫助過辛亥革命，但沒有得到任何好處：權力或財富。因此，這些海外華僑不是從今天才開始反對革命。我們不要那些參加革命是爲了私人利益的黨員，三民主義中的民族主義祇是一個手段，社會主義（民生主義）才是革命的最後目的。放棄這個最終目的，就是要我放棄革命。」

孫中山繼續講辛亥革命的歷史，提到黃克強和宋教仁的妥協態度說，他們兩人的搖擺不定和沒有紀律，阻礙了革命的勝利。這時張繼又打岔說：「以前總理宣傳一種理念——先統一中國，然後再實現（三民）主義。現在我們就是爲了你的這個理念才反對社會主義。」

孫中山說：「我們連這個黨都不能統一起來，遑論國家！黨員必須徹底服從領袖和他的領導。以前，我們創立了『中華革命黨』，當時每人都要宣誓。不久事實證明，黨員宣誓是一回事，但都不聽從我的指揮。我們的黨員和軍隊一樣，祇有在對他們有利的時候，才聽我命令，否則就拒絕服從。如果國民黨人都是這樣的話，那我就不要這個國民黨，我就加入共產黨！」

孫中山接著說：「我們革命的目的是實現社會主義。在廣東，工農的情況很苦，還要多多注意他們。陳廉伯這個買辦是帝國主義的同路人，反對革命。我們軍隊裏有些將領也跟著他走，跟陳廉伯簽下了停火協定。但我不承認，因此商團事件還未解決。現在帝國主義與商人攜手合作，反對革命。廣東政府收到了廣東英國總領事館的最後通牒說，如果廣東政府對市區開火，在廣東的英國軍隊就要對廣東政府有所行動。廖行超、范石生兩位將領也說，如果政府沒收商人的糧食，他們就要維持秩序。你們說，這是什麼意思？」最後，孫中山再度強調社會主義與共產主義並無區別，祇是達到目的的途徑不同而已。會議在沈悶地氣氛下結束⑰。

中共認爲，國民黨的二中全會，對於中共來說是一個沈重的打擊，深表不滿。在九月七日給維廷斯基的信中，陳獨秀說，孫中山及其他人物，從他們的言論來看，對中共保持中立，但不願與共產派討論，也不敢對右派及反動分子有所行動。孫中山他們想利用右派攻勢和宣傳，對中共施加壓力，以期能使共產派屈服於國民黨，至少也要增加他們對中共的影響，中共尤其徹底反對鮑羅庭建議他們在國民黨中央政治委員會下，設立「國際聯絡委員會」，有權解決國共兩黨之間的糾紛。鮑羅庭已經陷入孫中山及其信徒的圈套。陳獨秀說，中共已有電報給鮑羅庭，告訴他孫中山的詭計，以及此一建議可能給中共帶來的不良後果，中共也不會承認有關決議。遺憾的是，電報發出後，一切都已經在會議上決定了。因此，陳獨秀請共產國際警告鮑羅庭，要與孫中山小

⑰同上。

心周旋，否則他又要掉入陷阱。此外，鮑羅庭應與中共隨時協商⑱。

以陳獨秀爲首的中共主流派，也可以說是「上海幫」，對於鮑羅庭全面贊助孫中山、要求中共全力支持由國民黨領導的民族革命運動的路線，不表同意；對鮑羅庭個人也就耿耿於懷。其實這個「鮑羅庭路線」，是共產國際欽定的基本路線；在這個路線的框框之內，鮑羅庭要對諸多偶發事件，採取相應措施。設立「國際聯絡委員會」，是鮑羅庭策略性的建議，其主要職務是：「㈠協商中國國民革命與世界無產階級革命運動的聯絡方法；㈡協商中國共產黨之活動與中國國民黨有關係者之聯絡方法。」文字內容空洞，「協商」「聯絡方法」，並不能解釋說，「國際聯絡委員會」具有解決國共兩黨糾紛的實權。中共主流派沒有瞭解這一點，抓住機會，藉題發揮，於十月初在上海召開會議，通過了「中共中央會議關於瞿秋白同志有關廣東省的政治路線報告決議。」⑲

在大陸出版有關中共黨史的著作中，都沒有提及這次中共中央會議及決議。以下根據俄共祕檔，扼要介紹：

---

⑱文件125：陳獨秀給維廷斯基的信（上海，一九二四年九月七日），密。參閱文件137：維廷斯基給中共中央的信（副本抄送鮑羅庭。上海，一九二五年二月十五日），密。

⑲文件127：中共中央會議關於瞿秋白同志有關廣東省的政治路線報告決議（上海，不晚於一九二四年十月八日）。

決議像一份判決書，開宗明義首先指出：「根據瞿秋白同志的口頭報告以及他以前提出的文字報告的認識，我們確認：共產國際代表和瞿秋白同志在廣東的國民黨內工作上，犯了諸多錯誤。」

決議有兩大部份。第一部份說：「實際的情況是，中派在國民黨二中全會並沒有要和我們分裂的意思。他們祇想利用右派鬥爭我們，從中漁利，迫使我們屈從中派，並要我們不要對他們提出來干涉中共黨務的計畫表示抗議。鮑羅庭以及參加這次會議的中共同志，未能認清這一事實，因此也沒有反攻右派要我們屈服於國民黨的企圖；他們更錯誤地認爲，我們應該支持中派來反對右派，從而放棄了對右、中兩派應該採取的行動，與中派妥協，採取守勢，從而落入中派圈套。這就使我們在兩個層次上遭到失敗：㈠、我們未能在會議開始時，提出制壓反動右派的決議草案，是爲了不要破壞會議的氣氛。這樣就使我們變成被告，而不能與右派進行鬥爭。中派有了活動空間，於是提出干涉中共內政的決議草案。㈡『國民黨內之共產派問題』第四條說：『由於中共在黨外有黨，引起猜疑，中共分子在我黨內又有黨團存在，因此在我黨中央執行委員會下設立國際聯絡委員會。其職務之一在於解釋國共兩黨關係，俾使我黨黨員取得互相瞭解，消除誤會。』中派早就抱有成立一個組織來干涉中共內政的企圖。會前孫中山有所表示，現在終於成立此會。這是國民黨代表（汪精衛）、共產國際代表（鮑羅庭）以及中共的非正式代表（瞿秋白）

三人協商的結果。鮑羅庭與瞿秋白對於上述第四條默認接受，也沒有阻止決議草案的通過。中共中央認爲，國民黨已從共產國際和中國共產黨取得在監督中共活動方面成立組織的權利。第四條國民黨也會用爲干涉中共內政的根據。」

第二部份指出共產國際代表對國民黨在軍事上的支持，實際上就是加強右派的反動勢力。最後，「中共中央非常不滿地指出」，鮑羅庭以共產國際代表身份跟中共中央沒有緊密地聯繫，有關國民黨的決策與決議也沒有與中共協商而獨自處理。這種做法，就算沒有犯錯，但也破壞了工作上的統一與執行。這對民族革命運動是不利的⑳。

陳獨秀有了中共中央的上述決議，理直氣壯，不再給維廷斯基打小報告；十月十日正式發函給共產國際遠東部㉑。陳獨秀說，國民黨二中全會通過三個決議，沒有發表，也未能落實。但中共參加會議的同志，跟中派有太多的妥協，對自己的意見和立場，沒有太大的堅持。共產國際代表與中共在對付國民黨方面應該採取共同行動。「但鮑羅庭與我黨從不協商，好像中國共產黨根本就不存在。」根據中共的意見，國民黨必須停止軍事活動，包括北伐，並放棄廣東政府。鮑羅

⑳同上。

㉑文件129：陳獨秀給共產國際遠東部的信（上海，一九二四年十月十日），極密。

庭持相反立場：他為孫中山的軍事行動從事規劃，因為他相信，維持廣東的鞏固，對於內政、外交都具有重要意義。這種在重大問題上的意見分歧，不僅引起廣東同志的迷惑，也形成兩條路線的對立，從而影響中共黨員在國民黨內的工作。「我們希望共產國際能夠警告鮑羅庭。」㉒

東方部收到中共中央上述十月決議及陳獨秀的來函後，寫信給共產國際執行委員會主席西諾耶夫說，東方部認為在目前討論此一問題是不適宜的，因為維廷斯基目前正在中國，他會解決中共中央與鮑羅庭之間的誤解㉓。維廷斯基深深瞭解，目前的國共關係決非相安無事，但也無意提出全面討論。由於諸多客觀因素，「我們還要幫助國民黨。」㉔

一九二五年二月中，維廷斯基寫信給中共中央（副本抄送鮑羅庭）說，中共與鮑羅庭的合作是必要的。過去引起誤會的原因是，鮑羅庭無法分身，不能因重要情況的發生而採取必要的聯繫，尤其是最近半年。「目前，我未發現，在中共中央路線與鮑羅庭之間在原則上有何意見衝突。」有兩個具有組織和策略性格的爭執都已解決：㈠、「國際聯絡委員會」的組成人員是國民

---

㉒同上。

㉓文件132：拉斯可尼科夫和穆欣（一九二二～一九二五年任共產國際執行委員會東方部祕書）給西諾耶夫的信（莫斯科，一九二四年十二月十六日）。

㉔文件133：維廷斯基給拉斯可尼科夫的信（上海，一九二四年十二月十九日）。

黨、共產黨和共產國際各派代表一人，不會與共產國際取得組織上的聯繫，祇是在中共黨員與國民黨黨員之間發生糾紛時，進行調解。㈡、關於中共要求給予在國民黨內工作的經費一事，應組成一專門委員會，有中共代表及鮑羅庭參加㉕。

孫中山決心聯俄，莫斯科全意聯孫。國民黨人，包括「右派」，並不反對聯俄；中共對蘇俄在中國推行民族革命運動，亦無異議。至於「黨內合作」，孫中山要「溶共」，莫斯科要化右爲左，使國民黨成爲「工農政黨」。問題就出在這裏。中共不願自己黨員在國民黨內被溶化，要當家做主，獨立發展。國民黨「右派」也不願中共喧賓奪主，霸占家園，因而要求「好好的分家」。孫中山「社會主義（民生主義）與共產主義並無區別」的說法，難以服人，共產國際的權威與和稀泥的做法也解決不了根本問題。國共分裂已經開始，國共「分家」祇是一個時間問題而已。

---

㉕文件137：維廷斯基給中共中央的信（副本抄送鮑羅庭。上海，一九二五年二月十五日），密。

# 第十二章 孫中山繞道日本北上

一九二四年十月北京政變，引起大江南北軍事、政治局面的重大變化。馮玉祥取代吳佩孚登上政治舞台；馮玉祥和國民軍也成爲蘇俄爭取的新對象。

北京政變後，馮玉祥等電請孫中山入京，共商大局。孫中山決定北上的背景如何？又爲什麼要繞道日本前往天津？《國父年譜》說，十一月四日，「先生旣徇各方電邀，決定北上。」抵上海後，「先生得隨員報告，北京上海間交通，因受軍事影響斷絕。津浦鐵路旣久不通，而由上海經天津之輪船，搭客擁擠，在兩星期以內，各船頭等艙位，均經客預定完畢。先生乃囑調查由滬赴日及由日赴天津之船期。至夜間得報，在十日之內，由上海至日本，均可有船達天津，乃即決

定繞道日本。」❶

在俄共祕檔中，有一份鮑羅庭寫的報告❷，透露了很多內幕資料：孫中山「決定北上」，是鮑羅庭與加拉罕的主意，維廷斯基也持有同一立場。中共先是反對，不久改變態度，勉強同意。至於繞道日本，那又是日本人的政治詭計。

十一月二日，中央政治委員會討論如何應付北京政變後的局勢：一是發表一篇聲明表態，一是根據新形勢採取積極政策。鮑羅庭說，國民黨中央，有反對孫中山北上的暗流，主要是中派持此意見，大唱反調。這是因爲在直系與安福系內戰之時，國民黨發表了很多宣言文電，現在前往北方，中派要被迫爲這些文電辯護，在這種情形下，與北京政變的勝利者的合作就不可能，因爲他們不能接受國民黨的政綱。如果漠視這些宣言文電，勢將導致國民黨內部的分化，重蹈當年孫中山讓權給袁世凱的覆轍。因此，最好是靜觀待變。鮑羅庭說，他與加拉罕採取另一立場：這是一個千載難逢的大好機會，可使國民黨登上一個較大的政治舞臺，且可成爲一個影響更大的政黨。如果放棄此一機會，不僅是策略上的錯誤，也將使國民黨長期地微弱無力。國民黨不能針對

❶《國父年譜》，前出（第二章註⓭），頁一五五三、一五六六～一五六七。

❷文件134：鮑羅庭「關於國民黨」的報告（北京，一九二五年一月二十四日）。

北京政變發表一紙宣言了事，孫中山要率領代表團前往北京，親自宣傳。馮玉祥的國民軍形成伊始，還未定型；國民軍會站在聯合民族革命實力的立場上，支持國民黨。鮑羅庭承認，南方代表團在直系、安福系分子和帝國主義者的包圍下，不無危險，但相信孫中山能夠勝任此行。在中央政治委員會的會議上，鮑羅庭的建議獲得通過。鮑羅庭指出，中共中央反對孫中山北上，也不同意積極參與任何政治活動。理由是，除了美國用馮玉祥取代吳佩孚之外，北京基本上一切未變。十一月十三日，孫中山離粵北上，中共中央才改變態度，因爲堅持原議已失去意義了。十七日，孫中山抵達上海，反帝態度堅決，中共要求孫中山代表團留在上海。鮑羅庭說，實在荒唐，要孫中山在上海租界指揮民族革命運動❸！

十一月底，維廷斯基抵達上海，馬上發出電報給西諾耶夫。維廷斯基認爲孫中山北上，在政治上是正確的一步。在中國革命的整個過程中，這是第一次，孫中山在廣東以外終於可以扮演一

---

❸同上。中共中央於一九二四年十一月一日發出中央通告第二十一號。但是「這個通告發出後，中局政策略有變更，現在我們對於孫中山參加北方和會並不根本反對，……」見《中共中央文件選集》第一冊（一九二一～一九二五），中央檔案館編，北京，一九八九，頁三〇〇。至於「政策略有變更」的原因，官修黨史說：「爲了把革命的影響擴大到全國，中共中央接受廣東區委的意見，支持孫中山北上，……」見《中國共產黨歷史》上冊，中共中央黨史研究室著，北京，一九九一年，頁一〇八。

個重要的政治角色。換言之，孫中山現在有了一個較大的政治舞臺，他必須要充分利用，要使廣大群衆知道，孫中山是爲了國家統一和反對帝國主義的壓迫而奮鬥，不是爲了自己要當總統和國民黨奪權而從事鬥爭。中共黨內有與國民黨決裂的趨勢，並以孫中山北上爲藉口，展開行動。中共此次對直系的判斷有誤，因此，他們未能看出美日勢力在遠東的變化，也未能看出此一新的情況可以使中國民族革命運動有擴大、加深的可能❹。

維廷斯基到上海一星期後，在給北京的加拉罕的信中認爲，此時中國政情發展的基調是，軍事集團正處在分化的過程中，這包括了勝負兩方，波及全國和兩個層次：一是各省督軍爲權力而明爭暗鬥，一是反對軍閥統治的社會勢力日益強大，亦即要求召開國民會議。中共要充分利用此一形勢，應該瞭解在此一過渡時期喚醒中國輿情是其任務，維廷斯基也相信，中共有此能力落實政策❺。

關於孫中山是否繞道日本北上一點，鮑羅庭說，這是國民黨代表團旅程上的第一個礁石。「有些同志相信，我們促使孫中山積極參與北方事務的整個策略，將觸此暗礁而儘成泡影。」鮑

---

❹文件130：維廷斯基給西諾耶夫的電報（上海，一九二四年十一月底）。
❺文件131：維廷斯基給加拉罕的信（上海，一九二四年十二月七日）。

羅庭說，這些人根本不清楚孫中山要從日本得到什麼。如果他與加拉罕有意阻止孫中山前往日本的話，他們可以做到，沒有勸阻，是認爲那是多此一舉。對日本人的幻想，在孫中山的腦子裏是根深蒂固。他一直有一個中日俄三國結盟的想法。孫中山是不到黃河不死心。日本行，祇會使孫中山變得更爲聰明。孫中山決定繞道日本，又與日本有關。孫中山本來不必在十一月十三日，而是在十一月六日離開廣州，搭乘英國輪船北上。孫對英人耿耿於懷，從而拒絕。孫中山也可以在十一月九日，從香港搭一艘美國郵船前往上海，但日本人在廣州建議孫中山於十四日乘日輪出發。孫中山以爲這是善意的暗示，日本在恭候光臨。鮑羅庭對孫中山說，日本人忽然表示友好，必有不可告人的目的，這一定與北方政情有關。換言之，這是日本人的調虎離山計，使孫遠離北京，以便爭取時間，從容左右北京政變後的政情發展。孫中山半信半疑。在上海，日本人繼續對孫中山進行說服，後者終於欣然接受。就在此時，日本促使段祺瑞前往北京。日後獲悉，當孫中山在天津的時候，日本人散佈謠言說，孫中山病重不治，活不過八天，企圖阻止段祺瑞與孫中山有所接觸。從此孫中山不願再談日本；他的失望心情，難以形容❻。

❻文件134：見註❷。孫中山對廿一條的看法，就是他「對日本人的幻想」的一個明例：「然當知廿一條款初非日本之意，…所謂廿一條款要求者，袁自使日本提出其所欲，以易其帝位，非日本自以逼袁也。…可以知日本於中國不以侵略爲目的，其行動常爲中國計而非以爲害。論者不察於是，徒以日本爲有野心，非篤論也。」孫中山「中國存亡問題」，見《國父全集》第二冊，中央黨史會編訂，臺北，民國七十八年，頁二八四～三二八。

孫中山抵津之後，因修正不平等條約之主張，引起「赤化」、「過激」等風說。重要隨員汪精衛、邵元冲及孫科三人乃負責發表聲明❼。此時孫中山病重不治，已非謠言。根據鮑羅庭在一九二五年二月中旬寫的報告，孫中山之所以還能延長生命，醫生說那是由於孫中山不尋常的健康體質以及長期使用嗎啡處理的緣故。鮑羅庭說，目前國民黨人來自全國各地，齊集北京，討論黨的前途問題。現在可以看出有三派意見：第一派是黨內最積極的一派，他們要繼續孫中山特別是在最後幾年的未竟工作；實現三民主義和在蘇俄幫助下的鬥爭方法。第二派認爲，孫中山要在民族革命運動勝利後，建立一個中央集權國家。他們要以林肯時代的美國爲楷模，建立一個聯邦中國。這是表面的說法，骨子裏仍是軍閥的聯省自治。第三派要求對一切民主分子打開黨的大門，但不准共產分子進來。事實上他們要求恢復一大改組前的國民黨。這就是國民黨的左、中、右派。左派以共產黨人爲主，繼承孫中山的遺教。中派問題最大，因爲他們以爲，祇要右派能夠認清孫中山的學說及其革命方法，他們就可以爭取右派。鮑羅庭說，右派對於孫中山的革命理論與方法有很清楚地認識。正因爲如此，他們才要求修正。在孫中山活著的時候，右派不敢直接攻擊

❼見本章末附錄一。

孫中山，但是現在情況不同，孫中山可以隨時去世，於是露出眞面目❽。

鮑羅庭的結論是，國民黨的分裂已經無法避免了。右派的主要目的是，在組織上破壞國民黨，在意識形態上，他們有恃無恐。因此，「在共產派問題上，我們不妨讓步，譬如共產黨員在中央委員會或中央政治委員會中占有席位，引起右派不滿，視爲眼中釘。我們可以把這些中共黨員召回，沒有中共黨員在中央機構，我們照樣可以做事。但在推行民族革命運動中要有一個有組織的統一領導。在這個問題上，不能做出任何妥協。」「我們不必害怕與右派分家，這種分手對於黨祇有好處。問題是，在對右派的鬥爭方面，中派的態度如何。我們必須緊緊地拉住中派。」❾

一九二五年三月十二日，孫中山在北京逝世。次日，俄共中央政治局爲孫中山之死召開會議，決議：㈠、外交事務人民委員會致唁「北京政府」。㈡、用俄共中央、蘇俄政府中央執行委員會及共產國際名義在墓前獻花。㈢、用俄共中央及蘇俄政府中央執行委員會名義致唁國民黨，共產國際發表告全中國人民書❿。

---

❽見本章末附錄二

❾文件136：前出（註❽）。

❿文件138：俄共（布）中央政治局會議記錄第五十二號（莫斯科，一九二五年三月十三日）。

孫中山逝世後，駐廣州德國總領事館在一九二五年四月一日發給德國駐北京公使館的報告中，詳細地轉述廣東各界的追悼活動以及中外輿論的反映。其中關於對孫中山的評價，鮮爲人知，值得引述：

關於孫逸仙博士事業的評價，必須留待歷史。……但有一點我們今天就可以肯定的是，如果不能說孫博士是當今中國具有領袖才能的政治家中僅有的一位，但至少可以說他是在很少數政治家中具有完美理想的一位；他爲這個理想無我的、鍥而不捨的、竭盡全力乃至付出生命去奮鬥——他爲推翻滿清統治和解放不平等條約的束縛而奮鬥和忍受苦難。孫中山努力的悲劇是他用來實現他自己理念所採取的手段與途徑，以及他深信他是唯一可以領導這個統一後中國的人物的這種想法；這是他在走上統一之路不可克服的最大障礙。在外交上，……孫中山得到也確保了中國與蘇俄之間的友誼。至於孫中山是否因此而給他的國家做出貢獻，那又是一個無法解答的問題了。⑪

⑪一九二五年四月一日德國駐廣州總領事館給德國駐北京公使館的報告，波茨坦檔案館，「0902 中國：德國駐華使館」卷。

## 附錄一

「國民黨之又一重要聲明」（一九二四年十二月十六日京報）：

新聞編譯社消息云。自中山先生抵津之後，因修正不平等條約之主張，而引起「赤化」「過激」等等之風說。最近天津日日新聞且採登香港傳來之「共產禍國記」，而聲明欲得中山先生方面之回答。中山先生現尚在床褥。故由其隨行之中國國民黨中央執行委員汪精衛、邵元冲及廣州特別市黨部執行委員會孫科三人負責，爲如左之聲明。此三人者，一方爲黨中重要職員，一方爲中山先生重要隨員，共同負責聲明。中山先生之意思及中國國民黨之意思，皆可於此顯明矣：

中山先生於十一年冬間，晤俄使越飛於上海。曾共同談話，主張中俄親善，同時聲明共產主義，不適宜於中國。此種談話，乃以公式的發表，無論爲中國人，爲外國人，苟寓目於此種談話，當不致對於中山先生之主張發生疑慮。十二年冬間，及十三年春間，中國國民黨改組之際，外間發生種種謠諑。然第一次全國代表大會，所發宣言，解釋民生主義，標明平均地權節制資本兩義，並列舉政綱。對於保護農工商發展實業之計劃，燦然分明，實已無可發生疑議之餘地。其後復有中央執行委員會之「闢謠」《民國日報》之「特刊」及中國國民黨講演集第一集第二集暨實業講演集等。其所鄭重說明者，不外根據中國國民經濟現狀，以爲中國今日處於經濟落後之地位，其最要方策，在以全民革命，解除外國帝國主義之壓迫，以期得以發展實業，俾國民經濟能力達於充裕之境。至於防止貧富不均，則平均地權節制資本二者，已以行之無弊。若夫共產主義，以俄之革命，尙不能使其實現，而以新經濟政策，爲救濟之方法，則請共產主義可以行於中國，實爲夢想。以上各種印刷品，皆以中國國民黨名義發表，無論爲中國人，爲外國人，若寓目於此種印刷品，當不致對於中國國民黨之主張發生疑慮。

然則「赤化」「過激」等等名詞，何以忽加於中山先生及其所統率之中國國民黨歟？請得而論之。其一以中山先生主張親俄也。然中山先生之主張親俄，以其革命之後，全然放棄帝政時代之帝國主義，與中國締結平等條約，維持國際平等之信義，故爲中國計，爲世界計，樂與爲友，親俄爲一事，共產又爲一事，不能以其親俄即目爲共產。瞭然無可疑者。

其二以中國國民黨內有共產分子也。然共產主義者之加入國民黨，係接受國民黨黨綱，實行國民黨主義，遵守國民黨紀律，國民黨對於此等分子與其他分子，一律待遇，無有分別，安能以國民黨容納此等分子，即爲國民黨主張共產之證乎？

然則此二者皆不足爲引起此等風說之原因，欲知此等風說之所自來，不能不探索諸敵黨之造謠機關。其在香港，一般省紳市儈，不得志於廣州政府者，皆以香港爲陰謀之根據地，與叛兵串同，興訛造訕，無所不至。今年春夏之際，彼輩曾竭力宣傳，廣州政府決於四月一日實行共產，既而到期不驗，則又改稱決於五月一日實行共產。其實此等消息，與路透電傳中山先生不諱消息，同一無稽，同一無持久之效力，廣東人民對於此等消息，初尚驚愕，今則視爲無稽之談矣。廣州商團作亂前後，亦嘗採取同一之手段，其同一失敗，亦固其所。今者中山先生自廣州移節京津，造謠機關當然追隨而至。以極平常極明瞭之廢約運動，尚足引起「赤化」「過激」之風說，其他可想而知。當此軍事初平，人心未定，一切餘孽及豬仔議員，自然樂引爲挑撥離間之資料，所望有識者勿爲所搖，則譸張爲幻者，庶無所施其技耳。

見《現代支那之記錄》，波多野乾一編，燕塵社，東京，一九二四年十二月，頁二〇九～二一一。

## 附錄二

文件136：鮑羅庭的報告（北京，一九二五年二月十四日），密。

關於此時「右派」攻擊共產派的舉動，參見「國民黨中反共產派決推倒共產派」（一九二五年一月十四日《晨報》）

國民黨內共產派與反共產派之爭，日趨激烈。昨日所謂海內外同志衛黨同盟會文上書孫文，提出七項辦法，意在將共產派完全推倒。其第一項辦法（即「中央執行委員會及各執行部之共產黨籍職員，應一律撤換」，于此可見反共產派所爭者乃黨內之位置問題。又第七項「本黨一切大小事權，以後不許外國人干預」。「以後」云云，足證前者之確有外國人在內矣。

茲錄原文如下：

總理鈞鑒：查共產黨自加入本黨以來，日以宣傳共產主義及破壞本黨爲工作。一年來所施搆陷傾軋離間收買脅逼棍騙等種種陰謀，均無所不用其極，以致黨內同志對於三十年終始不渝之主義，起絕人之懷疑。而內外人士對於本黨之信仰，及友黨對於本黨之關係，亦因而減若干之程度，此誠全黨同志所最痛心疾首者也。北京上海漢口廣州香港澳門各地同志有鑒於此，曾於去年秋間派遣代表多人同赴廣州，列舉共產黨各種罪狀，提出彈劾案，乃未蒙鈞座採納，全黨莫不引爲憾事。自是共產黨更如虎添翼，無惡不作，如反對義師北伐，離間友軍好感，密充軍閥鷹犬，攻擊總理北上，火焚廣州商場，侵吞工會捐款等事，其尤著者也。今海內外同志，以共產黨橫行無忌，一至於此，若不速圖挽救，必將淪本黨於萬劫不復，用是召集各地代表，在北京成立海內外同志衛黨同盟會，並同時議決挽救方法七事，謹陳所擬方法如下：

(一)，中央執行委員會及各執行部之共產黨籍職員，應一律撤換。
(二)，凡與共產黨有關之黨中印刷所新聞雜誌學校各宣傳機關，其補助金應一律停止。
(三)，對於現在一切政治問題，請由總理指定無共產嫌疑之純粹黨員三人以上負責辦理。
(四)，派赴各省之國民會議宣傳員屬共產黨籍者應一律撤換。
(五)，以最短期間，召集國民黨第二屆全國代表大會在北京開會，惟共產黨員不得當選爲代表。
(六)，各地黨員去年提出彈劾共產黨各案，應由純粹黨員，組織特別裁判委員會以裁判之。
(七)，本黨一切大小事權，以後不許外國人干預。

以上七事，黨員認爲目前唯一之挽救方法，除公推馮自由、張德惠、張紹琦、簡煥鑾諸君爲代表面陳一切外，尚祈即日毅然執行，用救黨難，想鈞座從善如流，當不忍令此正大光明之母黨葬送於此少數僉壬之手也。事關全黨安危，即希明白賜復，俾有遵循，不勝翹企之至。專此敬頌公祺。國民黨海內外同志衛黨同盟會敬啓。」

見《現代支那之記錄》，前出，一九二五年一月，頁一三〇～一三一。

# 第十三章　援馮討奉、鞏固廣東

馮玉祥發動北京政變，引起軍事、攻治情勢的重大變化。孫中山逝世，又使莫斯科失去一位革命盟友。一九二五年，俄共與共產國際在推行民族革命運動方面，不得不採取諸多相應措施，以應付新的局面。

從俄共祕檔中可以看出，莫斯科在一九二五年的「中國政策」有三個重點：

(1)援馮討奉

這個策略的出發點是：1.張作霖是蘇俄的主要敵人，是日本的附庸；2.馮玉祥與張作霖的武裝衝突必不可免。何時戰事爆發，祇是一個時間問題。據俄方估計，可能在明年春季，也可能提前發生。3.廣東應爲反張作霖的最前線。結論是：馮玉祥與國民軍在裝備上遠遜奉系，必須馬上給予大量軍援。

(2)鞏固廣東革命基地

在中國推行由國民黨領導的民族革命運動，這是基本路線，不得改變。因此：1.國民黨在一大之後要加速改組過程，成爲一個戰鬥的「工農政黨」。2.在軍事上要確保廣東革命基地。至於國民黨必須完全掌握廣東全省，俄共還有一個私下的盤算：鞏固財源，增加收入，以期廣東政府有能力償還俄方的軍援債務。3.在反奉內戰中，廣東要發揮革命基地的作用。具體措施是：1.成立「孫逸仙大學」，訓練中共及廣東的政治、黨務工作人員。2.落實軍援計劃，增派蘇俄顧問，加強黃埔軍校，以及擴建戰鬥師團。

(3)國共關係

中共要支持由國民黨領導的民族革命運動，參加統一戰線。換言之，中共黨員要留在國民黨內工作。這是基本路線，不得改變。

一九二五年，由於孫中山逝世，國民黨內領導無人，右派積極活動。鮑羅庭認爲，與右派分家是越快越好；劃清界限，各自爲政。維廷斯基主張開除少數反動右派，發展工運。年底，他又提出「黨外合作」的意見。中共主流派則要求退出國民黨，獨立發展。儘管意見分歧，乃至對立，並未能影響俄共及共產國際的立場。在「中共黨員留在國民黨內工作」的框框之內，莫斯科的策略是：1.中共黨員在國民黨的領導機構中，不能霸占職位，操縱一切；應儘量讓非共產黨員擔任要職。2.加強左派影響，堅決鬥爭右派。3.注意工會組織，但要發展農民運動。

現在我們根據上述三個重點，看看一九二五年俄共祕檔的具體內容。

### (一)「中國委員會」

在《俄共（布）、共產國際及中國民族革命運動》第一卷中，一九二五年一共收入了俄共中央政治局會議記錄二十二件及其直屬的「中國委員會」會議記錄十六件。這些聞所未聞的會議記錄在在說明，自孫中山逝世後，俄共中央政治局積極地直接插手中國事務，共產國際靠邊站，祇是一個陪襯的對外機構而已。這是一件迄今鮮爲人知的「新生事物」。

一九二五年初，莫斯科決定對廣東、馮玉祥及國民軍加強軍援。三月十九日，俄共中央政治局決議成立一個「委員會」負責「監督對國民黨及對與國民黨採取同情態度的團體給予援助的經常措施。」❶這句黨八股翻譯成普通話就是：這個委員會負有1.設計軍援計畫；2.解決軍火來源

---

❶文件141：俄共（布）中央政治局會議記錄第五十三號（莫斯科，一九二五年三月十九日）。

及運輸問題；3.核計所需費用及籌措經費等職責。一個月後，這個委員會開始工作，定名爲「中國委員會」❷。從中國委員會的實際工作來看，其職責不僅如上所述，限於軍援。舉凡有關中國革命的重要措施，都在政治局召開會議之前提出建議，作爲政治局決議的底案。譬如在中國各地同時增設十四個領事館用爲蒐集情報，進行宣傳，就是中國委員會的主意❸。俄共中央政治局負責指揮全世界的革命運動，「日理萬機」，無暇討論細節問題，祇能作出政策性的最後決定。因此，中國委員會一致通過的決議，不必再在政治局討論表決，可視爲政治局決議交付執行❹。一九二五年，中國委員會在政治局的直接領導下，在推行中國民族革命運動方面，扮演了一個非常重要的角色。這也是一件迄今鮮爲人知的「新生事物」。

中國委員會的成員是：主席傅龍茲（蘇俄政府革命軍事委員會副主席、主席，工農紅軍參謀

---

❷ 文件146：俄共（布）中央政治局中國委員會會議記錄第一號（莫斯科，一九二五年四月十七日）。成立一個專門委員會處理中國事務，原係齊契林的構想，托洛斯基全力支持。見文件91（第八章註⓭）。

❸ 文件193：俄共（布）中央政治局中國委員會專門小組關於在中國增設領事館的建議（莫斯科，不早於一九二五年十月十九日）。參見文件192：俄共（布）中央政治局中國委員會會議記錄第十三號（莫斯科，一九二五年十月十九日）。

❹ 文件146：前出（註❷）。參見文件191：俄共（布）中央政治局會議記錄第八十三號（莫斯科，一九二五年十月十五日）。

長），齊契林（蘇俄政府外交事務人民委員會主席），莫洛托夫（俄共中央祕書），彼得羅夫（即拉斯可尼科夫，共產國際執行委員會東方部主任，代理維廷斯基）❺。有時又因工作需要增加新人❻。除正式委員外，另有列席會議人員，每次不同。

### ㈡軍援馮玉祥、國民軍、廣東

孫中山逝世後，加拉罕提出建議，授權與張作霖進行交涉。俄共中央政治局在原則上未予拒絕，但要求說明張作霖向蘇俄購買軍火的動機是什麼，以及此項交易對國民黨的關係有無影響。政治局認爲，出售軍火給張作霖必須在中東鐵路問題上得到補償❼。這件事的結果如何，沒有下文。但是俄共祕檔顯示，莫斯科的一貫立場是：張作霖是中國民族革命運動的「頭號敵人」，必

❺文件141：前出（註❶）。

❻文件148：俄共（布）中央政治局會議記錄第六十二號（莫斯科，一九二五年五月七日）。參見文件191，前出（註❹）。

❼文件144：俄共（布）中央政治局會議記錄第五十五號（莫斯科，一九二五年四月二日）。

須在軍事上和政治上打垮奉系❽。張作霖是日本的附庸，全力製造日俄緊張關係❾。結論是：馮奉大戰勢不可免。廣東應是反張的最前線，馮玉祥是討奉的主角❿。

四月十七日，中國委員會召開第一次會議，首先指出：中國局勢尖銳化的發展，要求俄方加強軍援，但要依個案需要及目的，愼重考慮。會議決定給予馮玉祥軍援，條件是：㈠由馮負擔全部軍援費用，或部分付現，部分用物資抵償。總之，付款方式要看馮玉祥所簽的政治協議而定。運輸費用必須由馮方承擔。㈡馮玉祥、外蒙與蘇俄三方要達成一個友好、互助的口頭協定。但馮玉祥要提出一個單方面的書面保證：接受蘇俄在外蒙的計畫，並拒絕在他的勢力範圍內允許外國人擁有租界。對馮玉祥進一步的軍援，要看加拉罕關於租界的報告再定。馮玉祥建議成立一個聯合運輸公司，共同使用烏蘭巴托—張家口運輸路線一節，基本上予以考慮。另外中國委員會決議：在北京成立一個「統一指揮中國軍事工作中心」，其成員是：蘇俄駐華全權代表加拉罕、軍

---

❽文件197：俄共（布）中央政治局會議記錄第八十六號（莫斯科，一九二五年十月二十九日）。

❾文件201：俄共（布）中央政治局會議記錄第九十三號（莫斯科，一九二五年十二月三日）。參見文件202：拉斯可尼科夫給維廷斯基的信（莫斯科，一九二五年十二月四日）。

❿文件187：史沫林西夫（工農紅軍參謀處偵察組員）關於對國民軍及廣東軍援計畫的備註（莫斯科，一九二五年十月七日），極密。

事武官赫克、華北蘇俄軍事顧問團主任韋洛寧⓫。

五月七日，俄共中央政治局接受傅龍茲的建議，同意在廣東增建可靠的戰鬥單位並批准所需費用。爲此增派最多至二百名軍事顧問前往廣東；撥交二萬架機槍及子彈以及數量未定的迫擊砲及手榴彈。上述批准的軍火及費用視爲給予中國政府（廣東）的貸款。派遣顧問及軍援的執行對外絕對保密⓬。

五月二十九日，在中國委員會第二次會議上，齊契林報告，由外交事務人民委員會撥出用來維持黃埔軍校、政治訓練班以及增建一個師團的二百萬盧布，業已用盡。會議決定：今後爲了在中國推行軍事、政治工作所需費用，由中國委員會集中辦理，有關國民黨及中共的經費，由共產國際負責。廣東、馮玉祥、岳維峻和北京（軍事統一指揮）中心所需蘇俄顧問總數定爲一百二十八名。會議通過，爲支持國民黨增建兩個師團，資助已建立的一個師團和黃埔軍校所需費用定爲四十五萬盧布（至一九二六年一月一日，共九個月）。軍援廣東的項目是：九千支步槍、九百五十萬發子彈、一萬顆手榴彈、一百架機槍（包括彈帶、彈盒、附件）、十架迫擊砲及一千發彈藥

⓫文件146：前出（註❷）。
⓬文件148：前出（註❻）。

（已在運輸中）。會議通過：對廣東軍援為以兩年為期的匯票貸款。對馮玉祥的軍援是：四千支步槍、四百萬發子彈（已在運輸途中）。即將交運張家口的軍火是：九千支步槍、九百萬發子彈。根據情況需要還可交運最多四十架機槍及彈藥、彈帶等。另外準備交給馮玉祥一千軍刀、五千長矛。會議決定在馮玉祥及岳維峻處各設一所「黃埔型」軍校，由蘇俄顧問負責⑬。六月十一日，政治局又批准加拉罕的建議，追加對廣東的軍援：五千支步槍及子彈、十二架火砲及榴彈、五十架機槍及子彈、附件⑭。

根據中國委員會的核算，從一九二五年四月一日～十月一日止，即自孫中山逝世後，在為期半年的時間，為了支持在中國進行軍事、政治工作共需四百六十一萬盧布（4,610,134.74 Rubel）⑮政治局於六月十一日批准⑯。在一九二五～一九二六年度預算中，對中國的軍援費用增至一千四百萬盧布之多（14,054,873.00 Rubel）⑰。

⑬ 文件152：俄共（布）中央政治局中國委員會會議記錄第二號（莫斯科，一九二五年五月二十九日）。參見文件139：俄共（布）中央政治局會議記錄第五十二號（莫斯科，一九二五年三月十三日）。
⑭ 文件154：俄共（布）中央政治局會議記錄第六十六號（莫斯科，一九二五年六月十一日）。
⑮ 文件153：俄共（布）中央政治局中國委員會會議記錄第三號（莫斯科，一九二五年六月五日）。
⑯ 文件154：前出（註⑭）。
⑰ 文件183：翁士利（一九二五～一九二六年任中國委員會主席）及波特諾夫司基（中國委員會祕書）給史大林的信（莫斯科，一九二五年九月三十日），極密。

一九二五年三月，陳獨秀函共產國際，要求中共每月為支付《嚮導》周刊、宣傳品，各地黨務及宣傳工作所需經費由二千二百五十元提高為每月三千六百五十元（Chlina Dollar）[18]。中共領導與鮑羅庭意見不合，經費拮据也是原因之一。為此區區之數，中共領導人力爭不得，最後祇好上書共產國際。無產階級的熱血不濃於水。

除馮玉祥外，國民軍的其他將領也是俄方的軍援對象。八月中旬，中國委員會決定要「徹底照顧岳維峻」[19]；一個月後，又提出對廣東、馮玉祥、岳維峻、孫岳及張之江加強軍援的建議[20]。九月底，中國委員會決議撥給廣東、馮玉祥及岳維峻三十五架飛機的訂單交付執行。另外又準備給廣東和馮玉祥各六架飛機，附帶飛行人員[21]。

一九二五年十月，史沫林西夫在他給最高決策機構關於對國民軍及廣東軍援計畫的備注中指出，俄方軍援的出發點是，張作霖與國民軍的武裝衝突勢不可免。時間可能拖至明春，但如有意外事件發生，如豫陝戰爭，也有提前爆發的可能。就兵力、裝備、後勤、組織而言，國民軍遠遜

[18] 文件142：陳獨秀給共產國際執行委員會報告第二號（上海，一九二五年三月二十日）。
[19] 文件163：俄共（布）中央政治局中國委員會會議記錄第六號（莫斯科，一九二五年八月十八日）。
[20] 文件173：俄共（布）中央政治局中國委員會會議記錄第十號（莫斯科，一九二五年九月十六日）。
[21] 文件180：俄共（布）中央政治局中國委員會會議記錄第十二號（莫斯科，一九二五年九月二十八日）。

奉系軍隊，因此，軍援國民軍勢在必行。目前考慮的援助範圍是：五萬二千支步槍及子彈、二百七十架機槍附子彈及附件、七十八架火砲及砲彈和附件、二十架飛機、二萬化學榴彈。這些軍火無法滿足國民軍的全部需求，但至少可以加強對奉作戰的勝利機會㉒。

在反奉戰爭中，馮玉祥是主角。由於馮與國民軍其他將領無法同心協力討奉，因此，軍援也以馮為重心。按備注的軍援計畫，馮軍兵力應增為十萬；分十五個師，每師六千五百人。騎兵部隊五千人，加強空軍及化學武器。馮軍需要俄方供給的軍火數目計為：三萬步槍及子彈（每支步槍子彈千發）、一百六十架機槍及子彈和附件（每架機槍子彈五萬發）、五十四尊火砲及砲彈（每尊砲彈千發）、五十四架迫擊砲、一萬五千發化學榴彈及十架飛機。對張之江的軍援是：三千支步槍及子彈、五十架機槍及子彈和附件、十二尊火砲及砲彈、十八架迫擊砲（業已交運）。對國民軍第二、第三軍的軍援還可以加強，但要看是否對俄方有利而定。對岳維峻的支持是，政治意義重於軍事；暫時提供四千五百支步槍、十架機槍、五百萬發子彈及十架飛機。孫岳目前不予考慮，因為對孫岳的關係尚未穩定㉓。

㉒文件187：前出（註⑩）。
㉓同上。

在廣東方面，黃埔目前有兵力六千人。按備注提出的軍援計畫，黃埔的戰鬥兵力要提高到二萬五千人，加強空軍及化學武器。另外還要增援廣東一萬五千支步槍、一百架機槍、二千萬發子彈、二十四尊火砲及砲彈、五十架迫擊砲及彈藥、十五架飛機。廣東的任務是：㈠徹底掃清廣東境內的敵人武裝力量。㈡整個廣東省境及其財政要由廣東政府統一掌握。㈢抵制來自北方的侵犯。提高廣東黃埔兵力到二萬五千人，應爲改組後廣東政府軍隊的核心力量，不僅用來完成上述任務，還要擴大影響到鄰近各省。掌握廣東財政，也可以保證廣東政府有力償還俄方的軍援債務㉔。

十月十三日，傅龍茲以蘇俄政府軍事委員副主席身份向俄共中央政治局提出一份有關中國軍事政治情勢的說帖。其中觀點與上述史沫林西夫軍援計畫備注大致相同。由於傅龍茲的地位特殊，這份說帖意義非常，值得引述。說帖首先指出，國民軍的影響日見增漲——尤其是馮玉祥的武裝力量，日本不斷鞏固奉系勢力，以及吳佩孚政治活動的加強，都將導致中國內部的武裝衝突。從目前馮軍的裝備來看，在馮奉戰爭時，前者沒有取勝的機會。國民軍第二、第三軍能否與馮軍共同行動，胥視蘇俄軍援而定。進一步地鞏固廣東，在馮奉戰爭時，可以發揮中立南方各省

㉔同上。

的作用以及加強廣東政府在某些省份的影響㉕。

十月十九日，中國委員會決定對馮玉祥、國民軍與廣東的軍援數目，較史沫林西夫軍援計畫備注的範圍稍爲削減，但基本上相去不遠。原預定給廣東飛機十二架，第一期交付六架，由於運輸困難，這六架飛機轉交馮玉祥使用㉖。

### ㈢馮玉祥下野

十月十日，浙督孫傳芳起兵反奉，十六日又與夏超、周蔭人聯名發表討奉通電。同日，孫傳芳部進占上海；浙奉戰爭，於焉爆發。原因是，北京臨時執政府在奉系壓力下，於本年八月任命楊宇霆督蘇、姜登選督皖。楊姜九月下旬就職，奉軍因得長驅南下。孫傳芳感受威脅，乃決心驅逐蘇皖奉軍。

針對此一事件，中國委員會提出一份「關於中國的軍事政治情勢」的分析報告，認爲浙奉戰

㉕文件189：傅龍茲給俄共（布）中央政治局關於中國軍事政治局勢的報告（莫斯科，一九二五年十月十三日），極密。

㉖文件192：前出（註❸）。

爭可以使局勢急轉直下，導致直系將領與國民軍聯合討奉的武裝衝突。報告確信這是孫傳芳與國民軍第一軍、第二軍經過交涉之後而採取的行動。馮玉祥一再表示，在發生武裝衝突的情形下，孫傳芳會同他站在一條戰線。豫督岳維峻將與鄂省聯盟。總之，國民軍與直系將領的反奉陣營是一片大好形勢，但是必須指出，國民軍也有弱點：沒有統一的指揮、統一的政治綱領、也沒有統一的資源基礎。第二軍內鬥爭權，第三軍裝備太差。張作霖仍是一個值得重視的對手。中國委員會提出國民軍的任務是，全力準備戰爭即將到來；在自己不直接參與的情形下，促使戰事提前發生，俄方軍援應予加強，並應以機槍、大砲、空軍爲主[27]。廣東的局勢，基本上趨於穩定。目前的任務是，鞏固廣東內部，改造國民黨軍隊，以及消滅陳炯明的武裝力量。利用與直系及國民軍的接觸，擴大在福建省的影響，使其放棄支持陳炯明[28]。

張作霖是蘇俄的主要敵人，莫斯科預言馮奉戰事不可避免，因此大量軍援馮玉祥和國民軍。這是俄共一九二五年在中國推行民族革命運動的基本路線之一。對俄共領導人來說，浙奉戰爭證實了上述路線的正確。現在，孫傳芳應被納入俄方軍援對象也是理所當然的事了。

---

[27] 同上，俄共（布）中央政治局中國委員會會議記錄第十三號附件：「關於中國的軍事政治情勢」。

[28] 同上，附件。

十月二十二日，俄共中央政治局決議撥給孫傳芳一百萬發德國製的子彈。條件是：㈠孫傳芳允許在他的轄區內工人組織的合法化。㈡關於俄方交運軍火一事，對外絕對保密，以免蘇俄遭受任何攻擊㉙。四天後，中國委員會決定撥交孫傳芳的子彈由一百萬發增為二百萬發㉚。

孫傳芳起兵反奉時，吳佩孚馬上覆電響應（十月十六日）：「整我六師，共伸天討。」鄂督蕭耀南於十月十八日電請吳佩孚「出山」，主持討奉㉛。次日，吳佩孚通電全國，決「隨諸將之後，誓殲戎醜，爲民請命。」㉜十月二十一日，吳自岳州抵漢口，又通電各方，謂受十四省區將領擁戴，就任討賊聯軍總司令，決定討奉，並發表外交宣言，煞有介事。北京臨時執政段祺瑞則下令防範吳佩孚「假借名義，希圖一逞。」著馮玉祥、岳維峻「相機制止，以遏亂萌。」㉝

吳佩孚要隨諸將之後討奉，但直系諸將態度並不一致，有人要聯馮討奉，有人要聯奉討馮。至於吳佩孚本人再起之後，無意討奉，主在聯張討馮。事實上，吳佩孚也阻礙了國民軍對奉系的

---

㉙ 文件194：俄共（布）中央政治局會議記錄第八十四號（莫斯科，一九二五年十月二十二日）。
㉚ 文件195：俄共（布）中央政治局中國委員會會議記錄第十四號（莫斯科，一九二五年十月二十六日）。
㉛ 《中華民國史事紀要》──民國十四年（一九二五）七月～十二月份，臺北，民國六十四年，頁四五七、頁四六三。
㉜ 吳佩孚通電，同上，頁四六五～四六六。
㉝ 段祺瑞命令，同上，頁五三三。

進攻。馮玉祥在包頭一再呼籲和平，意在靜觀待變。

軍事權威傅龍玆對於中國局勢的發展，尤其是對於吳佩孚的角色，有不同的看法，也提出相應措施的建議。傅龍玆的建議，俄共中央政治局於十月二十九日通過爲政治局給加拉罕的政治指示㉞。傅龍玆（時在中國）首先指出，蘇俄在中國的代表，包括加拉罕，對中國最近的局勢沒有明確的路線。諸多事件表明，吳佩孚已是政治上的領導人物，以及民族革命運動再度引起高潮的中心。相形之下，國民軍，特別是馮玉祥，顯得蒼白無力。整個的局勢要求國民軍、國民黨、中共、包括目前的中國政府，都要與吳佩孚建立某種關係。爲了澄清問題，確定立場，（政治局）應即發出指示。關於指示的內容，傅龍玆的建議是：㈠張作霖是中國民族革命運動的主要敵人。目前內戰的主要任務是在軍事上、政治上打垮奉系。㈡吳佩孚的再起，使形勢見好，必須善加利用。㈢根據上述分析，與吳佩孚建立一個同盟是必要的。這個同盟的結果，應該是由直系人馬、北方國民黨（馮玉祥）和南方中國（廣東政府）聯合組成一個新的中國政府。㈣這個同盟不會持久。因此，在目前的戰事階段以及組織新政府時，必須考慮到在實現統一中國之前，戰爭勢將繼

---

㉞文件197：俄共（布）中央政治局會議記錄第八十六號（莫斯科，一九二五年十月二十九日）附件第二號。

續發展下去。其結果將是對吳佩孚及其同路人進行討伐㉟。

一九二五年七月中旬，馮玉祥告誡其所屬部隊，「對於赤化播傳之說，尤須特別防範，切實禁止。」㊱勿受俄、共謠言蠱惑。浙奉戰爭時，馮玉祥呼籲和平，立場曖昧。莫斯科在重視吳佩孚討奉角色的同時，對馮玉祥持有懷疑態度。

十一月五日，俄共中央政治局決議指示索洛維夫（共產國際執行委員會東方部副主任）和維廷斯基及時報告馮玉祥的眞實態度㊲。

十一月十一日，維廷斯基自北京發出報告，詳述他在張家口與馮玉祥進行軍事會談的結果㊳。根據維廷斯基的報告，參加會議的人員有：國民軍代表二人（有國民軍第一軍參謀長劉驥）、國民黨中央政治委員會代表三人（有國民黨北京分部主任徐謙）及共產國際代表二人（維廷斯基及華北蘇俄軍事顧問團主任韋洛寧）。會議主題是：國民軍與奉系的衝突已無法避免的問題。這是馮玉祥第一次召開這樣的會議，應該特別指出的是，馮玉祥正式邀請維廷斯基以共產國

㉟同上。附件第二號。
㊱《中華民國史事紀要》，馮玉祥令，前出，頁六四。
㊲文件198：俄共（布）中央政治局會議記錄第八十八號（莫斯科，一九二五年十一月五日）。
㊳文件199：維廷斯基的報告（北京，一九二五年十一月十一日）。

際代表身份參加，會議對外保密。

維廷斯基說，在軍事方面，會議接受馮方提出的軍事行動計畫。韋洛寧已於十一月十一日用電報轉達莫斯科，另有詳細書面報告（在俄共祕檔中，沒有找到這份報告）。至於政治方面，雙方達成的基本協議是：

㈠、國民軍要對內、對外進行政治工作，說明目前軍事鬥爭的意義。

㈡、國民軍應與同盟的直系軍隊不斷地保持軍事上的接觸。當孫傳芳、蕭耀南要國民軍支援的時候，國民軍必須堅持：同盟的直系軍隊要對社會、工人組織採取讓步措施。

㈢、在對奉戰爭結束時或在召開全國國民會議方面，國民軍領導人物必須著眼於組成一個臨時性的聯合政府。

㈣、國民軍應在前線、自己和敵人的後方建立大規模的宣傳點。

關於上述協議，維廷斯基有兩點補充說明。第㈠點：國民軍代表堅拒與直系吳佩孚有任何來往，因爲吳馮關係是敵我矛盾。討奉戰勝後，馮玉祥會馬上調兵遣將，攻打吳佩孚。馮可以與孫傳芳、蕭耀南進行接觸，因爲直系內部並不一致。維廷斯基表示同意，但要求至少在目前要避免直接衝突；任何反吳行動都不利討奉。至於段祺瑞，在北京臨時執政不採取反對孫傳芳的措施和公然站在奉系立場的情形下，馮玉祥暫不進行倒段活動。第㈡點：聯合政府的組成要看軍事鬥爭的結果而定，或是國民黨與國民軍聯合執政，或是國民軍、廣東政府和同盟的直系軍隊組成聯合政府。但後者優先考慮㊴。

「聯合政府」沒有成立，因為預言的馮奉大戰沒有發生。張作霖經歷了郭松齡倒戈和李景林為馮所敗的打擊，但張「賊」屹立未倒，依然呼風喚雨，左右政局。相反地，馮玉祥在一九二六年一月一日正式通電下野，吳佩孚接著宣佈結束「討賊」事宜。吳奉聯合之後，吳佩孚就揮兵討馮攻豫。一九二六年二月二十五日，國民政府發表宣言：「吳佩孚於張作霖敗潰之餘，冒言討奉；及見其死灰復燃，則又亟與聯合，以謀危國民軍。現在鄂豫戰事已起，範圍必日益擴大。昔日吳張二兇，勢成對峙，戰爭不息，以苦吾民。今則二兇合併，以從事於禍國殃民之行為。我全國民衆及能為民衆盡力之軍隊，不可不同心協力，共起而翦滅此二兇。」㊵

孫中山在世時，莫斯科力促孫吳合作，聯合組織親俄的北京政府；以期全力發展民族革命運動，完成資產階級革命的任務。孫中山逝世後，莫斯科還是念念不忘聯合政府的策略。俄共軍援馮玉祥及國民軍，除了要打垮張作霖之外，與國民黨聯合在北京成立一個親俄——由俄共操縱的

㊴ 同上。
㊵ 國民政府宣言，見《中華民國史事紀要》——民國十五年（一九二六）一～十二月份，臺北，民國六十七年，頁一五七。

北京政府也是動機之一。俄共領導人及其軍事權威未能眞正瞭解中國軍閥縱橫捭闔的複雜關係，如意算盤未能兌現，也就不足爲奇了。

### (四)孫逸仙大學

如上所述，孫中山逝世後，在廣東方面俄共決定鞏固廣東革命基地，加強軍援，並加速改造國民黨使之成爲一個戰鬥的「工農政黨」。措施之一就是成立孫逸仙大學，訓練中共與國民黨的政工、黨務幹部，推展民族革命運動。

一九二五年三月十九日，俄共中央政治局決議擴大東方勞動共產大學的中國部，或成立一個中國勞動共產大學。交卜羅多（東方勞動共產大學校長）及維廷斯基研究，向政治局提出建議[41]。四月二日，政治局考慮在西比利亞建立一所「孫逸仙大學」，收納五百名中國學生。細節由卜羅多、拉狄克及維廷斯基成立的專門小組研究辦理[42]。維廷斯基認爲，孫逸仙大學設在莫斯科

[41] 文件141：前出（註[1]）。
[42] 文件143：俄共（布）中央政治局會議記錄第五十五號（莫斯科，一九二五年四月二日）。

或列寧格勒較爲適宜㊸。政治局於五月十五日會議通過，孫大設在莫斯科，但不宜具有官立大學的性格，尤其不應與蘇俄政府教育人民委員會有任何關連㊹。八月二十七日，政治局決議成立「中國孫逸仙勞動大學籌備委員會」，成員十三人，另有三名漢學家參加㊺，並任命拉狄克爲首任校長㊻。所需經費定爲五十五萬盧布㊼。

根據陳獨秀於十月二十八日給中共莫斯科支部的信，中共派遣中共黨員二十四人，共青團團員六十七人，以及十二名既爲中共黨員、共青團團員同時也是國民黨黨員，共爲一百零三人，前往孫大學習㊽。換言之，全是共產黨人。

十二月初，莫斯科要求維廷斯基派遣至多二十～三十名「廣東人」前來孫大學習（迄今祇有一名「廣東人」）。另外速派翻譯人員，否則孫大無法開課，已經面臨關門危機㊾。由於翻譯人

---

㊸文件147：維廷斯基給加拉罕的信（莫斯科，一九二五年四月二十二日）。
㊹文件150：俄共（布）中央政治局會議記錄第六十三號（莫斯科，一九二五年五月十五日）。
㊺文件170：俄共（布）中央政治局會議記錄第七十七號（莫斯科，一九二五年八月二十七日）。
㊻文件161：俄共（布）中央政治局會議記錄第七十五號（莫斯科，一九二五年八月十三日）。
㊼文件174：俄共（布）中央政治局會議記錄第七十九號（莫斯科，一九二五年九月十七日）。
㊽文件196：陳獨秀給中共莫斯科支部的信（上海，一九二五年十月二十八日），極密。
㊾文件202：前出（註⑨）。

員的缺乏，中國委員會認爲根本解決之道是，成立一個可以容納一百人的翻譯學校[50]。

除了在孫大訓練大批政工人員外，爲了改造國民黨軍隊，也急需軍事幹部。因此，拉斯可尼科夫在寫給傅龍茲的信中建議，根據今年（一九二五年）三個月短期軍事訓練中共黨員的經驗，在列寧格勒軍事學院增設中國部，培訓軍事專門人員，爲期一～三年。因爲語言關係，學員應以在法、德的中國留學生爲主；中共黨員、國民黨黨員或無黨派者均可入學[51]。目前在俄有被法國政府驅逐出境的中共黨員六十人，可從中挑選二十～三十人前來註冊[52]。九月十七日，政治局批准追加一萬五千盧布，用爲組織以中共黨員爲主的軍事政治訓練班[53]。

---

[50] 文件195：前出（註[30]）。
[51] 文件168：拉斯可尼科夫給傅龍茲的信（莫斯科，一九二五年八月二十二日），極密。
[52] 文件169：拉斯可尼科夫給傅龍茲的信（莫斯科，一九二五年八月二十四日），密。
[53] 文件175：俄共（布）中央政治局會議記錄第七十九號（莫斯科，一九二五年九月十七日）。

# 第十四章　莫斯科：路線不變

一九二五年三月八日，馮自由等在北京成立「國民黨同志俱樂部」。四月初，鮑羅庭在一份關於「孫中山逝世及國民黨」的報告中指出，孫中山還未下葬，由右派採取主動的國民黨分裂已經開始了。他們並不反對孫中山的學說，而是高舉孫中山的旗幟，攻擊他們認爲已經「赤化」的左派。右派組織一個「俱樂部」，實際上就是成立了一個新黨。鮑羅庭說，右派離開國民黨，祇有表示歡迎。早在一大會議期間，他就確信，國民黨的分裂必不可免，與右派的合作絕無可能。

鮑羅庭相信，右派的退出，對國民黨是有利的。對農民運動不會產生任何影響；工人及學生方面的工作，「完全控制在我們的手中」。來自全國各地參加召開全國國民會議一百五十三名代表中，有一百人屬於左派。換言之，民族革命運動的整個工作，都掌握在左派手中。鮑羅庭根據他在國民黨內工作兩年的經驗，深信右派根本沒有能力從事任何組織工作。既使他們有意活動，也是吵鬧不休，一無所成。不過，右派退出國民黨，並不表示左右兩派從此劃清界限。所謂左派係指共產黨員與中派。中派的問題是，他們並不視右派爲意識形態的敵對者，而是認爲右派沒有眞正瞭解孫中山的學說；可以說服，甚至爭取。在中央執行委員會中就有人認爲「俱樂部」的成立，不會給國民黨帶來任何傷害，跟這些右派不必斷絕來往。鮑羅庭說，這種立場是危險的；使他不安的，不是國民黨的徹底分裂，而是此一情勢遲不發生的可能性❶。

四月底，維廷斯基在從莫斯科寫給加拉罕的信中（副本抄送鮑羅庭），不客氣地指出，共產國際對於鮑羅庭最近寄來的報告，不表滿意。從鮑羅庭的報告中，難以令人想像在中國還有一個共產黨，並在中國的解放運動中扮演任何重要角色。在鮑羅庭的報告中，應該對中共的角色給予適當的注意和位置，以期俄共領導人能夠眞正瞭解中國革命的眞實力量。維廷斯基提及前些天在一次與史大林的長談中，他發現史大林認爲中共黨員已在國民黨內被溶化掉了；中共已經沒有自己的獨立組織，像養子一樣被國民黨玩在股掌之上。史大林對這種情況表示遺憾，但他好像認爲，從歷史的發展來看，也是無法避免的。「我們告訴他：中共有一個獨立組織，比國民黨還要

❶ 文件145：鮑羅庭關於「孫中山逝世及國民黨」的報告（莫斯科，一九二五年四月六日）。

堅強可靠。在國民黨內中共也有批評的自由，國民黨的工作基本上是由中共完成的——當我們提及這些事實時，史大林迷惑不解。他辯解說，他的有關情報來自新聞報導，也得自共產國際來自中國的報告。」維廷斯基說，對於沒有去過中國也不瞭解當地情況的人來說，鮑羅庭的報告會引起這樣的印象，不足為奇。今後對於來自北京的報告，必須採取適當的修正，即在鮑羅庭的報告中不再涉及中共事務；中共的活動，由中共直接向共產國際提出報告，再由共產國際轉達有關領導同志❷。

維廷斯基認為，鮑羅庭報告中有門關國民黨分裂問題，應予申論、澄清。鮑羅庭在報告中提及國民黨右派廣泛而積極地活動，利用孫中山的招牌分化國民黨，以及如何與軍閥合作、聯合唐繼堯等等。另一方面說右派之間，矛盾很大，吵來吵去，不成氣候，但又承認資產階級在中國已經開始組織自己的政黨。維廷斯基反駁說，現在中國所處的情況已與數年前的中國不同。國民黨這個組織實際上已被右派所操縱，再加上其他各種社會勢力，如從英美回來的留學生和有教養的部分買辦階級，亦步亦趨。總之，右派已經開始整合他們的力量，不能無視或低估此一現象。

「鮑羅庭的結論是：國民黨右派留在黨內，對我們有害，在黨外就不成氣候。因此要加強不可避

---

❷文件147：維廷斯基給加拉罕的信（莫斯科，一九二五年四月二十二日）。

免的分裂。」維廷斯基說，這是未經熟思的觀點，不是策略性的結論。「我們的結論是：目前右派在黨內、黨外頑固地反對我們。因此我們必須加強我們在國民黨內以及在全國各個政治領域中的工作，揭露國民黨右派的眞面目，提出開除個別國民黨員的問題，但決不是提出黨的分裂問題。在這場鬥爭中，中共黨員要在國民黨左派的旗幟下站在最前線。」❸

五月一日，中共中央局臨時會議決定：「此次國民黨中央全體會議，我們的同志宜首先提出開除反動分子（如加入北京國民黨俱樂部者）案，」並「須對中派極力堅持，不能讓步。」❹

此時鮑羅庭人在上海，曾參加中共中央會議數次。返回廣州之前，於五月十三日發出電報一封給加拉罕，指責中共對於最近發生的情況，逐漸顯得無能爲力予以控制，也不瞭解自己在華北、華南的任務。爲了維持廣東政權的存在，中共必須把全力放在廣東，甚至對其他工作產生不良影響亦在所不惜。在上海，鮑羅庭與中共中央達成協議：接受胡漢民是一個在革命政府成立之前的過渡人物，因此目前不必展開對胡的鬥爭。重要的任務是培養一個軍事強人，來對付這個過渡人物。鮑羅庭與中共中央還制定了國民黨二大的議事日程，以及決定國民黨二大中央執行委員

❸同上。

❹「關於國民黨第二（三）次中央執行委員會全體會議意見」，《中共中央文件選集》第一册（一九二一～一九二五），中央檔案館編，北京，一九八九，頁四〇八。

會委員及候補委員名單。國民黨二大宣言及決議案，由鮑羅庭及中共共同草擬，然後提交國民黨中央。在國民黨二大中央執行委員會中，中共應有幾名委員，意見不同。中共要求七名。鮑羅庭反對，這是考慮不要刺激中派和右派。最後協議至少四名，其他三名要看當時開會的情況再定。對國民黨右派的關係，暫時不變。在國民黨宣言中，不明言攻擊右派。鮑羅庭決定《民國日報》每天由三千份減至一千份。到國民黨二大之前是否再減，要看刊出國民黨左派的資料而定。請莫斯科表示態度。鮑羅庭在電報結尾再度指出他的印象是，中共中央不是一個團結的、充滿活力的機構，指導人坐在上海租界發號施令，中共中央是一個嚴重的問題❺。

從俄共祕檔來看，莫斯科對於五卅運動的發生，頗感意外。五卅慘案後的一個月，俄共中央政治局才表示態度，認爲革命運動必須在抵制外貨、總罷工、個別罷工，特別是鐵路工人罷工的形式下向前推進。加強對張作霖的宣傳鬥爭。如果北京政府不能保守中立，則考慮推翻，在馮玉祥及國民黨軍隊的支持下，由國民黨人建立新政府❻。

六月二十六日，上海無條件結束罷市。七月十三日，戒嚴司令部封閉了三個主要工會，並會

---

❺文件149：韋爾德（蘇俄駐上海副領事）給維廷斯基的信（上海，一九二五年五月十三日）。信中韋爾德轉報鮑羅庭電報全文。

❻文件156：俄共（布）中央政治局會議記錄第六十八號（莫斯科，一九二五年六月二十五日）。

同租界當局查封了一百二十個工會組織和工人俱樂部❼。七月二十八日，中國委員會根據來自中國的情報及共產國際的意見，認爲目前運動進入低潮，要採取相應措施，以期有組織地結束罷工和保護由罷工而獲得的成果。結束罷工要與下一步的鬥爭結合起來❽。

維廷斯基時在中國。在他啓程離華的前一天收到上述中國委員會有關結束罷工的電報。維廷斯基說，他到中國以後，不止一次有人提出類似的要求。沒有接受的原因是，期望上海的罷工、罷市能夠波及其他城市中心，引起全國性的罷工運動。其結果是事與願違，原因有二：一是中國太大，交通不便，又缺少工人中心。因此，上海還有此後的廣東，未能得到及時地援助。一是中共組織力不從心，目前祇有黨員二千五百人，能夠分配到上海以外各地的人員，微不足道。中共黨人已儘其所能，不能苛求。總之，由共產小組到群衆政黨的過程轉變太快。另外中共領導對於這個突發的大規模運動，沒有準備，也缺乏經驗。如果能夠保有上海和其他城市的工會，維廷斯基確信，「我們會在下一次軍閥衝突之際，在解放運動中發揮強大作用。」❾

---

❼《中國共產黨歷史》（上卷），中共中央黨史研究室著，北京，一九九一，頁一一八、一一九。

❽文件158：俄共（布）中央政治局中國委員會會議記錄第四號（莫斯科，一九二五年七月二十八日）。

❾文件159：維廷斯基給拉斯可尼科夫的信（北京，一九二五年八月四日）。莫斯科用「蘇俄政府赤色國際救濟」給上海、香港及中國各地罷工工人的匯款，見文件160及文件172。

在另一份八月十九日的報告中，維廷斯基又從另外一個角度來分析五卅運動。開始時，中國工人與資產階級的合作，不是統一戰線，而是採取聯合委員會的方式。合作過程中發生了不可克服的對立，因而產生了在反帝鬥爭上的策略問題。上海工人中心的罷工，已經具有民族政治鬥爭的內容，「但我們被迫把全國性的政治要求降低爲以地區性改善經濟條件爲主的要求，」以期能與外國廠商進行談判。由於北方具有支援性質的罷工開始太晚，上海已經支持不住了，無法與天津、青島、南京及其他城市聯合行動。資產階級打退堂鼓，也是原因。但工人與資產階級合作，從而產生某些不良後果，不能視爲是一項錯誤行爲，罷工用費的百分之九十是他們拿出來的。經驗顯示，上海的商會和小資產階級商業聯合會的大部分還是健全的、革命的，可以視爲民族革命運動的力量⑩。

維廷斯基的一貫立場是，全力主張由中共發展工人運動。因此，他對五卅事件後工人運動的前景分析，過於樂觀，乃至誇大其詞。在八月十九日的報告中維廷斯基說，在上海進行十多星期的反帝工人運動、在廣州和香港持續七個星期之久的運動，還有在漢口、南京、青島、天津和其他地區自發的罷工行動，在在顯示在中國的人民運動正方興未艾，在最近的將來必將擴人與加

⑩ 文件164：維廷斯基的報告（上海，一九二五年八月十九日）。

深。運動開始時，是大港口城市的產業工人發動的，接著受到學生和城市多數小資產階級的支持，從工人群衆在此一運動過程中結合、形成和組織的趨勢來看，已經是一個自主的社會政治力量。中國工人階級鬥爭以及民族革命運動的前景，與日見成熟的軍事衝突有密切關係，如果認爲去年的討直戰爭和一年以後的勝利導致五卅運動的發生，那就可以預測，討奉戰事和戰勝奉系將使革命運動帶入另一高潮，其結果將是統一全國和建立「革命民衆政權」。維廷斯基強調，「我們在工人運動和民族解放運動方面的整個策略，必須從此一前景出發。」具體地說，加強工人、工會組織，擴大在華北、華中的罷工鬥爭，並以中共領導爲主。至於廣東方面，黨務工作不盡理想。在那裏是中共爲國民黨服務，還不能說有一個共產組織存在。當目前全國的工人運動處於高潮之際，國共兩黨關係也許需要採取另外一種形式⓫。

鮑羅庭與維廷斯基在對國共關係問題上的意見矛盾，莫斯科不能無視不理。八月二十一日，中國委員會決議，「中共對國民黨有必要繼續執行直到現在的路線，並且避免製造緊張。」⓬九月二十一日，共產國際東方部祕書瓦西列夫，寫信給共產國際主席西諾耶夫，報告最近的

⓫同上。
⓬文件166：俄共（布）中央政治局中國委員會會議記錄第七號（莫斯科，一九二五年八月二十一日）。

國共關係。根據加拉罕給中國委員會的報告以及維廷斯基上述八月十九日的來函，瓦西列夫認爲國共關係已非正常，可能發生危險的後果。產生這種情況的原因是，（共產國際代表）對於民族解放運動的任務和中共在此一運動中的角色，以及許多中共領導同志對於中共在現階段的任務，認識不清、了解不夠所致。目前已有左傾危險，特別是蘇俄軍事顧問犯了這個毛病。此外，在中國的蘇俄領導同志熱衷於軍事、外交問題，從而忽略了吸收群衆參加民族解放運動的工作。這正說明爲什麼中國民族解放運動迄今祇集中於華南和華中的部分政治中心，其他省份和北方沒有顧及。中共的成長也不夠迅速。瓦列西夫的建議是，中共應該馬上調整其與國民黨的關係，在國民黨內小心工作，不能一把抓，指揮一切。中共不能要求把持在國民黨和軍隊中的重要職位，相反地，必須由國民黨人，即非中共黨員負責領導工作。中共要在各省方面，特別是進入鄉村展開工作；在黨員數字方面發展中共組織⑬。

九月二十八日，維廷斯基（時在中國）在他寫給共產國際的報告中，在某種程度上修止了他迄今對中國工運的看法。維廷斯基說，在中國的政治罷工以及在上海、南京、漢口、開封、唐山等地的經濟罷工都已經結束了，在最近四個月來，產業工人以及城市的無產階級並沒有直接參與

⑬文件176：瓦西列夫給西諾耶夫的信（莫斯科，一九二五年九月二十一日）。

中國群衆的革命鬥爭。目前整個工運的特徵是，中國的勞動大衆對政治生活還在開始覺醒的階段；天津、唐山煤礦即其一例。工人的鬥爭意識不強，宣傳準備工作也不夠。對政治、經濟罷工的鎮壓，顯然是奉系與北京政府向帝國主義者表示：北京政府有能力在北京召開關稅特別會議期間，維持安定環境。張作霖在鎮壓工運方面扮演了一個重要角色，從天津到上海的海岸線上，都有張作霖的軍事措施，有他駐軍的地方，就鎮壓工人運動，特別是上海。上海的總工會與其他工會沒有在運動開始時就被鎮壓，這與段祺瑞的態度搖擺不定有關。對於工運將被鎮壓一點，中共早有準備，並成立地下組織，由中共領導。但是，從公開領導罷工和在高潮時領導群衆參加運動到轉入地下活動，中共領導同志缺乏心理準備，也不了解其政治意義，更不具備這種經驗。全國各處都可以看到革命的氣氛，但是中共在動員民主社會階層人士及革命的知識分子參與工運方面，顯得無能爲力⓮。

維廷斯基在報告中說，他與中共領導爲了總結經驗，展望未來，規劃任務，決定於近日內召開中共中央擴大會議。討論的中心議題是：㈠雖然工運遭到部分鎮壓，仍然認爲目前的情勢是革命的，是可以革命化的。此一認識決定了黨的任務。㈡黨的群衆性格問題和加強對無產階級、革

---

⓮ 文件181：維廷斯基的報告（北京，一九二五年九月二十八日）。

命的知識分子和農民的影響。㈢吸收農民加入革命運動以及農民運動的要求與形式。㈣中共黨的整個組織結構與活動，由黨的基層、省、地區到黨中央。㈤國共關係。㈥在工會中聚集和組織工人以及中共組織對他們的影響。㈦大量吸收革命的知識份子，特別是學生加入革命的解放運動。

對於上述議題，維廷斯基有兩點說明。關於農民的角色和參與革命運動一點，「我必須指出，我們（東方部和我自己）低估了農民在現階段就要參加革命運動的認識。中共領導亦有同感。」維廷斯基說，他們現在已經蒐集了華南、華中幾個省份的農村資料。從這些資料中可以看出農村的結構，可以決定農民運動初期的性格和形式。在中共中央擴大會議上要成立一個中央農民委員會，專門負責。在農民的要求中，必須提出徹底的「沒收土地」的口號，否則無法把農民拉到革命陣營這一方來。至於國民黨，國共糾紛的主要原因是，中共在政治領域中的態度不夠明確；在某些地區，中共的組織也不夠完善，以致國共兩黨關係混淆不清。右派懷疑左派，有了藉口，於是大喊大叫：共產黨把國民黨接收了。最近的四個月來，國民黨內的資產階級分子加強反共、反左派的活動，也就不足爲奇了。維廷斯基認爲，中共在南方（廣東）在兩個層次上犯了錯誤：一是在客觀條件允許的情形下，在廣東沒有自己應有的組織。一是過份強調要把持國民黨這個組織。維廷斯基建議：㈠非必要時，中共黨員在國民黨內不得擔任領導工作，應注意工農及軍中的政治工作。㈡新同志，尤其是工人，不再加入國民黨。㈢在國民黨的群衆中，加強宣傳國共統一戰線的必要。最後維廷斯基提出一個脫離俄共和共產國際基本路線的驚人看法：「總而言之，我們的目標是，在對國民黨的關係上，要從（內部）結合轉變為（黨外）聯盟。目前我們還不想用任何聲明或形式上的決議來實現此一轉變，但現在對於此一轉變要有預期的準備。當然，嚴重地困難與危險不可避免。但我相信，資產階級敬而遠之的態度和革命運動的發展要求我們提出這樣的問題。」⑮

同一天，九月二十八日，共產國際東方部針對國共關係提出給中共指示的草案：「㈠在國民黨的領導工作，應謹慎從事。㈡共產派不能發號施令。㈢中共不得要求所有政府及軍中的領導職位必須由自己的黨員擔任。㈣相反地，中共應使國民黨員（非共產黨員），尤其是左派分子，應該參與民族解放鬥爭的領導工作。」中共中央要將此一路線通知地方組織。對蘇俄顧問應給予特別指示。中共中央要對全國人民發表宣言，強調工農、手工業者、知識分子、中小資產階級以及

⑮同上。中共中央擴大會議關於農民問題、「革命民眾政權」、「找一個與國民黨聯盟的好的方式」以及中共黨員在國民黨內不再擔任領導工作等決議，與維廷斯基在上述九月二十八日報告中提出的建議基本相同。見中共中央擴大執行委員會文件（一九二五年十月）：「中國現時的政局與共產黨的職任議決案」及「中國共產黨與中國國民黨關係議決案」，《中共中央文件選集》第一冊（一九二一～一九二五），中央檔案館編，北京，一九八九，頁四五九～四七一及頁四八七～四九一。

國民黨結成聯合戰線進行民族革命運動的意義，並要加強宣傳、組織工作，以期能有更多的各個社會階層的民主人士參加民族革命運動⑯。

十月一日，中國委員會表示同意此一指示草案⑰。第二天，東方部政治局祕書瓦西列夫就寫信給維廷斯基指出，維廷斯基在他八月十九日來信中（見本章註⑩）提出的幾個問題，有待澄清：

㈠、國民黨及中共在民族解放運動中的任務問題

維廷斯基說：無產階級是主導力量，農民、知識分子、小、中資產階級居於次要地位。瓦西列夫指出，這與共產國際的綱領正好相反，也反映了中共同志的左傾見解。維廷斯基又說：具有影響的商業和產業資產階級在民族解放鬥爭中的革命活動，依然未變。瓦西列夫反駁說：「果眞如此，就不能說無產階級是在農民、知識分子等處於次要地位的情形下展開革命活動。果眞如此，那我們迄今發出有關國共兩黨關係的指示就不能改變：共產派不能發號施令，政府和軍中的重要職位不能由中共一手把持。相反地，在民族解放運動領域中國民黨的重要職位要由非共分子（主要是無黨派的左派）擔任。」維廷斯基又在八月十九日的來信中，提出改變國共兩黨關係的

⑯文件182：共產國際執行委員會給中共中央指示草案（莫斯科，一九二五年九月二十八日）。

⑰文件185：波特諾夫斯基（中國委員會祕書）給瓦西列夫的信（莫斯科，一九二五年十月一日），極密。

問題——由黨內合作轉變爲黨外聯盟。瓦西列夫說：「我們認爲，在我們還未處理這個問題之前，中共同志不得改變路線；更重要的是，決不可偷偷摸摸地來搞這個新路線。」瓦西列夫認爲，「我們的同志」把工作重點放在工人的經濟鬥爭方面，從而忽略了參與民族解放鬥爭的廣大勞動群衆和社會上的民主人士，也忽略了鬥爭反動勢力的任務。反對反動勢力的鬥爭，是目前的中心任務，因此必須動員一切革命的、民主的力量。在民族革命運動、鬥爭反動勢力和反奉的統一戰線上，廣東必須站在前端。

㈡、擴大運動問題

注意工會工作是對的，但是視經濟鬥爭或上海罷工是有效的革命興奮劑則是錯誤的。瓦西列夫問：「佔人口百分之九十的農民那裏去了？爲什麼在來自中國的文件中從未提到在運動中具有決定性的社會力量——農民，更沒有提到在中國農村工作的路線？整個運動侷限於大的無產階級中心；必須要征服省份，必須要儘可能地奪取鄉村。」⑱

十二月三日，俄共中央政治局根據史大林的建議，決議發出指示：在目前成立一個以國民黨爲主的政府是不可能的。未來在北京成立的政府應是馮玉祥、國民黨人和其他溫和分子的聯合。

---

⑱ 文件186：瓦西列夫給維廷斯基的信（莫斯科，一九二五年十月二日）。

至於進行北伐，是不適宜的。應該建議廣東，集中全力鞏固內部[19]。

第二天，東方部主任拉斯可尼科夫寫信給維廷斯基，轉達政治局會議討論的經過。與會人士一致認爲維廷斯基的立場太左，誇大自己的力量與影響，低估帝國主義者以及國民黨以外的勢力。不能有推翻當前北京政府的行動，聯合政府必須要有直系參加。廣東必須鞏固[20]。

莫斯科要中共黨員留在國民黨內工作（一九二三年「一月指示」），路線不變。「好好的分家」，沒有可能；秀才造反不成，祇有等待強人出現。

---

[19] 文件201：俄共（布）中央政治局會議記錄第九十三號（莫斯科，一九二五年十二月三日）。

[20] 文件202：拉斯可尼科夫給維廷斯基的信（莫斯科，一九二五年十二月四日）。

# 滄海叢刊書目（二）

## 國學類

| | |
|---|---|
| 先秦諸子繫年 | 錢　　穆　著 |
| 朱子學提綱 | 錢　　穆　著 |
| 莊子纂箋 | 錢　　穆　著 |
| 論語新解 | 錢　　穆　著 |
| 周官之成書及其反映的文化與時代新考 | 金春峯　著 |
| 尙書學術（上）、（下） | 李振興　著 |
| 周易縱橫談 | 黃慶萱　著 |
| 考證與反思——從《周官》到魯迅 | 陳勝長　著 |

## 哲學類

| | |
|---|---|
| 哲學十大問題 | 鄔昆如　著 |
| 哲學淺論 | 張　　康　譯 |
| 哲學智慧的尋求 | 何秀煌　著 |
| 哲學的智慧與歷史的聰明 | 何秀煌　著 |
| 文化、哲學與方法 | 何秀煌　著 |
| 人性記號與文明——語言・邏輯與記號世界 | 何秀煌　著 |
| 邏輯與設基法 | 劉福增　著 |
| 知識・邏輯・科學哲學 | 林正弘　著 |
| 現代藝術哲學 | 孫　　旗　譯 |
| 現代美學及其他 | 趙天儀　著 |
| 中國現代化的哲學省思 ——「傳統」與「現代」理性結合 | 成中英　著 |
| 不以規矩不能成方圓 | 劉君燦　著 |
| 恕道與大同 | 張起鈞　著 |
| 現代存在思想家 | 項退結　著 |
| 中國思想通俗講話 | 錢　　穆　著 |
| 中國哲學史話 | 吳怡、張起鈞　著 |
| 中國百位哲學家 | 黎建球　著 |
| 中國人的路 | 項退結　著 |
| 中國哲學之路 | 項退結　著 |
| 中國人性論 | 臺大哲學系主編 |

| | |
|---|---|
| 中國管理哲學 | 曾仕強 著 |
| 孔子學說探微 | 林義正 著 |
| 心學的現代詮釋 | 姜允明 著 |
| 中庸誠的哲學 | 吳 怡 著 |
| 中庸形上思想 | 高柏園 著 |
| 儒學的常與變 | 蔡仁厚 著 |
| 智慧的老子 | 張起鈞 著 |
| 老子的哲學 | 王邦雄 著 |
| 當代西方哲學與方法論 | 臺大哲學系主編 |
| 人性尊嚴的存在背景 | 項退結編著 |
| 理解的命運 | 殷 鼎 著 |
| 馬克斯·謝勒三論 | 阿弗德·休慈原著、江日新譯 |
| 懷海德哲學 | 楊士毅 著 |
| 洛克悟性哲學 | 蔡信安 著 |
| 伽利略·波柏·科學說明 | 林正弘 著 |
| 儒家與現代中國 | 韋政通 著 |
| 思想的貧困 | 韋政通 著 |
| 近代思想史散論 | 龔鵬程 著 |
| 魏晉清談 | 唐翼明 著 |
| 中國哲學的生命和方法 | 吳 怡 著 |
| 孟學的現代意義 | 王支洪 著 |
| 孟學思想史論（卷一） | 黃俊傑 著 |
| 莊老通辨 | 錢 穆 著 |
| 墨家哲學 | 蔡仁厚 著 |
| 柏拉圖三論 | 程石泉 著 |
| 倫理學釋論 | 陳 特 著 |
| 儒道論集 | 吳 光 著 |
| 新一元論 | 呂佛庭 著 |

## 宗教類

| | |
|---|---|
| 圓滿生命的實現（布施波羅密） | 陳柏達 著 |
| 薝蔔林·外集 | 陳慧劍 著 |
| 維摩詰經今譯 | 陳慧劍譯註 |
| 龍樹與中觀哲學 | 楊惠南 著 |
| 公案禪語 | 吳 怡 著 |
| 禪學講話 | 芝峯法師 譯 |

| | |
|---|---|
| 禪骨詩心集 | 巴壺天 著 |
| 中國禪宗史 | 關世謙 著 |
| 魏晉南北朝時期的道教 | 湯一介 著 |
| 佛學論著 | 周中一 著 |
| 當代佛教思想展望 | 楊惠南 著 |
| 臺灣佛教文化的新動向 | 江燦騰 著 |
| 釋迦牟尼與原始佛教 | 于凌波 著 |
| 唯識學綱要 | 于凌波 著 |
| 中印佛學泛論 ——傅偉勳教授六十大壽祝壽論文 | 藍吉富主編 |
| 禪史與禪思 | 楊惠南 著 |

**社會科學類**

| | |
|---|---|
| 中華文化十二講 | 錢 穆 著 |
| 民族與文化 | 錢 穆 著 |
| 楚文化研究 | 文崇一 著 |
| 中國古文化 | 文崇一 著 |
| 社會、文化和知識分子 | 葉啟政 著 |
| 儒學傳統與文化創新 | 黃俊傑 著 |
| 歷史轉捩點上的反思 | 韋政通 著 |
| 中國人的價值觀 | 文崇一 著 |
| 紅樓夢與中國舊家庭 | 薩孟武 著 |
| 社會學與中國研究 | 蔡文輝 著 |
| 比較社會學 | 蔡文輝 著 |
| 我國社會的變遷與發展 | 朱岑樓主編 |
| 三十年來我國人文社會科學之回顧與展望 | 賴澤涵 編 |
| 社會學的滋味 | 蕭新煌 著 |
| 臺灣的社區權力結構 | 文崇一 著 |
| 臺灣居民的休閒生活 | 文崇一 著 |
| 臺灣的工業化與社會變遷 | 文崇一 著 |
| 臺灣社會的變遷與秩序(政治篇)(社會文化篇) | 文崇一 著 |
| 臺灣的社會發展 | 席汝楫 著 |
| 透視大陸 | 政治大學新聞研究所主編 |
| 憲法論衡 | 荆知仁 著 |
| 周禮的政治思想 | 周世輔、周文湘 著 |
| 儒家政論衍義 | 薩孟武 著 |

制度化的社會邏輯　葉啟政　著
臺灣社會的人文迷思　葉啟政　著
臺灣與美國的社會問題　蔡文輝、蕭新煌主編
教育叢談　上官業佑　著
不疑不懼　王洪鈞　著
自由憲政與民主轉型　周陽山　著
蘇東巨變與兩岸互動　周陽山　著
鄉村發展的理論與實際　蔡宏進　著
戰後臺灣的教育與思想　黃俊傑　著
兩極化與分寸感
——近代中國精英思潮的病態心理分析　劉笑敢　著
唐人書法與文化　王元軍　著

### 史地類

國史新論　錢穆　著
秦漢史　錢穆　著
秦漢史論稿　邢義田　著
宋史論集　陳學霖　著
中國人的故事　夏雨人　著
明朝酒文化　王春瑜　著
歷史圈外　朱桂　著
宋代科舉　賈志揚　著
當代佛門人物　陳慧劍編著
弘一大師傳　陳慧劍　著
杜魚庵學佛荒史　陳慧劍　著
蘇曼殊大師新傳　劉心皇　著
近代中國人物漫譚　王覺源　著
近代中國人物漫譚續集　王覺源　著
魯迅這個人　劉心皇　著
沈從文傳　凌宇　著
三十年代作家論　姜穆　著
三十年代作家論續集　姜穆　著
當代臺灣作家論　何欣　著
師友風義　鄭彥棻　著
見賢集　鄭彥棻　著
思齊集　鄭彥棻　著

懷聖集　鄭彥棻　著
周世輔回憶錄　周世輔　著
三生有幸　吳相湘　著
孤兒心影錄　張國柱　著
我這半生　毛振翔　著
我是依然苦鬪人　毛振翔　著
八十憶雙親、師友雜憶（合刊）　錢穆　著
烏啼鳳鳴有餘聲　陶百川　著

**語文類**

訓詁通論　吳孟復　著
標點符號研究　楊遠　著
入聲字箋論　陳慧劍　著
翻譯偶語　黃文範　著
翻譯新語　黃文範　著
中文排列方式析論　司琦　著
杜詩品評　楊慧傑　著
詩中的李白　楊慧傑　著
寒山子研究　陳慧劍　著
司空圖新論　王潤華　著
詩情與幽境——唐代文人的園林生活　侯迺慧　著
歐陽修詩本義研究　裴普賢　著
品詩吟詩　邱燮友　著
談詩錄　方祖燊　著
情趣詩話　楊光治　著
歌鼓湘靈——楚詩詞藝術欣賞　李元洛　著
中國文學鑑賞舉隅　黃慶萱、許家鶯　著
中國文學縱橫論　黃維樑　著
古典今論　唐翼明　著
亭林詩考索　潘重規　著
浮士德研究　劉安雲　譯
蘇忍尼辛選集　李辰冬　譯
文學欣賞的靈魂　劉述先　著
小說創作論　羅盤　著
借鏡與類比　何冠驥　著
情愛與文學　周伯乃　著

| | |
|---|---|
| 鏡花水月 | 陳 國 球 著 |
| 文學因緣 | 鄭 樹 森 著 |
| 解構批評論集 | 廖 炳 惠 著 |
| 世界短篇文學名著欣賞 | 蕭 傳 文 著 |
| 細讀現代小說 | 張 素 貞 著 |
| 續讀現代小說 | 張 素 貞 著 |
| 現代詩學 | 蕭 蕭 著 |
| 詩美學 | 李 元 洛 著 |
| 詩人之燈——詩的欣賞與評論 | 羅 青 著 |
| 詩學析論 | 張 春 榮 著 |
| 修辭散步 | 張 春 榮 著 |
| 橫看成嶺側成峯 | 文 曉 村 著 |
| 大陸文藝新探 | 周 玉 山 著 |
| 大陸文藝論衡 | 周 玉 山 著 |
| 大陸當代文學掃描 | 葉 稺 英 著 |
| 走出傷痕——大陸新時期小說探論 | 張 子 樟 著 |
| 大陸新時期小說論 | 張 放 著 |
| 兒童文學 | 葉 詠 琍 著 |
| 兒童成長與文學 | 葉 詠 琍 著 |
| 累廬聲氣集 | 姜 超 嶽 著 |
| 林下生涯 | 姜 超 嶽 著 |
| 青 春 | 葉 蟬 貞 著 |
| 牧場的情思 | 張 媛 媛 著 |
| 萍踪憶語 | 賴 景 瑚 著 |
| 現實的探索 | 陳 銘 磻 編 |
| 一縷新綠 | 柴 扉 著 |
| 金排附 | 鍾 延 豪 著 |
| 放 鷹 | 吳 錦 發 著 |
| 黃巢殺人八百萬 | 宋 澤 萊 著 |
| 泥土的香味 | 彭 瑞 金 著 |
| 燈下燈 | 蕭 蕭 著 |
| 陽關千唱 | 陳 煌 著 |
| 種 籽 | 向 陽 著 |
| 無緣廟 | 陳 艷 秋 著 |
| 鄉 事 | 林 清 玄 著 |
| 余忠雄的春天 | 鍾 鐵 民 著 |

| | |
|---|---|
| 吳煦斌小說集 | 吳煦斌 著 |
| 卡薩爾斯之琴 | 葉石濤 著 |
| 青囊夜燈 | 許振江 著 |
| 我永遠年輕 | 唐文標 著 |
| 思想起 | 陌上塵 著 |
| 心酸記 | 李　喬 著 |
| 孤獨園 | 林蒼鬱 著 |
| 離　訣 | 林蒼鬱 著 |
| 托塔少年 | 林文欽 編 |
| 北美情逅 | 卜貴美 著 |
| 日本歷史之旅 | 李希聖 著 |
| 孤寂中的廻響 | 洛　夫 著 |
| 火天使 | 趙衛民 著 |
| 無塵的鏡子 | 張　默 著 |
| 關心茶——中國哲學的心 | 吳　怡 著 |
| 放眼天下 | 陳新雄 著 |
| 生活健康 | 卜鍾元 著 |
| 文化的春天 | 王保雲 著 |
| 思光詩選 | 勞思光 著 |
| 靜思手札 | 黑　野 著 |
| 狡兔歲月 | 黃和英 著 |
| 老樹春深曾著花 | 畢　璞 著 |
| 列寧格勒十日記 | 潘重規 著 |
| 文學與歷史——胡秋原選集第一卷 | 胡秋原 著 |
| 晚學齋文集 | 黃錦鋐 著 |
| 古代文學探驪集 | 郭　丹 著 |
| 山水的約定 | 葉維廉 著 |
| 在天願作比翼鳥——歷代文人愛情詩詞曲三百首 | 李元洛 輯注 |
| 鳴酬叢編 | 李飛鵬 編纂 |
| 千葉紅芙蓉——歷代民間愛情詩詞曲三百首 | 李元洛 輯注 |
| 秩序的探索 | 周慶華 著 |
| 邁向一流大學 | 馬哲儒 著 |

**美術類**

| | |
|---|---|
| 音樂與我 | 趙　琴 著 |
| 爐邊閒話 | 李抱忱 著 |
| 琴臺碎語 | 黃友棣 著 |
| 音樂隨筆 | 趙　琴 著 |
| 樂林蓽露 | 黃友棣 著 |
| 樂谷鳴泉 | 黃友棣 著 |
| 樂韻飄香 | 黃友棣 著 |
| 弘一大師歌曲集 | 錢仁康 編 |
| 立體造型基本設計 | 張長傑 著 |
| 工藝材料 | 李鈞棫 著 |
| 裝飾工藝 | 張長傑 著 |
| 現代工學與安全 | 劉其偉 著 |
| 人體工藝概論 | 張長傑 著 |
| 藤竹工 | 張長傑 著 |
| 石膏工藝 | 李鈞棫 著 |
| 色彩基礎 | 何耀宗 著 |
| 當代藝術采風 | 王保雲 著 |
| 都市計畫概論 | 王紀鯤 著 |
| 建築設計方法 | 陳政雄 著 |
| 建築鋼屋架結構設計 | 王萬雄 著 |
| 古典與象徵的界限——法國象徵主義畫家莫侯及其詩人寓意畫 | 李明明 著 |

**滄海美術叢書**

| | |
|---|---|
| 五月與東方——中國美術現代化運動在戰後臺灣之發展（1945～1970） | 蕭瓊瑞 著 |
| 中國繪畫思想史 | 高木森 著 |
| 藝術史學的基礎 | 曾　堉、葉劉天增 譯 |
| 唐畫詩中看 | 王伯敏 著 |
| 馬王堆傳奇 | 侯　良 著 |
| 藝術與拍賣 | 施叔青 著 |
| 推翻前人 | 施叔青 著 |

# 人名索引

## 二劃



## 四劃



## 五劃

## 六劃



## 七劃

## 八劃

## 九劃



## 十劃

## 十一劃



## 十二劃



## 十三劃

## 十四劃



## 十五劃

## 十六劃



## 十七劃



## 十八劃

## 十九劃



## 二十一劃